Le Théâtre

COLLIN D'HARLEVILLE

LA FAMILLE BRETONNE

COMÉDIE EN CINQ ACTES

REPRÉSENTÉE POUR LA PREMIÈRE FOIS A PARIS EN

1781

NOUVELLE ÉDITION
PUBLIÉE

PARIS
DÉPARTEMENTS, ÉTRANGER,
CHEZ TOUS LES LIBRAIRES

1878

20 c. — THÉATRE — 20 c.
CHEZ TOUS LES LIBRAIRES

JANVIER 1878 | FÉVRIER 1878

Beaumarchais
1. Barbier Séville, et Musique
2. Mariage Figaro, et Musique
3. La Mère coupable

Brueys
4. Avocat Patelin et le Grondeur

Desforges, — Baron
5. Le Sourd. - Bonnes fortunes

Le Sage
6. Turcaret, — Crispin rival

THÉATRE D'ÉDUCATION
de Florian et de Berquin.
7-8. FLORIAN, Huit comédies.
9-10. BERQUIN, Dix comédies.

Collin-d'Harleville
11. Mr de Crac, — l'Inconstant
12. L'Optimiste
13. Châteaux en Espagne
14. Le Vieux Célibataire
15. La Famille bretonne
16. Vieillard et Jeunes Gens
17. Malice pour Malice

Marivaux
18. { Les Fausses Confidences / L'Ecole des Mères
19. { Jeu de l'Amour et Hazard / L'Épreuve nouvelle
20. Legs, - Préjugé, -Arlequin
21. Surprise, — la Méprise
22. 2e Surprise, — les Sincères
23. L'Inconstance, — Amours

Pergolèse, et Musique
24. Servante et STABAT MATER

Rousseau
25. Devin et onze Romances, piano

Regnard
26. Le Joueur
27. Le Légataire et Critique
28. Le Distrait, — Amadis
29. { Attendez-moi, — Coquette / Le Marchand ridicule
30. { Retour, — Sérénade / Bourgeois de Falaise (Bal)
31. { Arlequin à bonnes fortunes / Critique de l'Arlequin / Les Vendanges / La Descente aux Enfers
32. Carnaval - Orfeo, - Divorce
33. { Folies amoureuses, / Mariage Folie, — Souhaits
34. Foire St-Germain et Suite
35. Les Ménechmes

Scarron
36. Jodelet — Japhet

Dufresny
37. Coquette,—Dédit,—Esprit
38. Le Mariage — le Veuvage

Carmontelle
39 à 42. Vingt-cinq **Proverbes**

Gresset
43. Le Méchant

Destouches
44. Le Philosophe marié
45. Le Glorieux
46. { La Fausse Agnès / Le Triple Mariage
47. Le Curieux, — L'Ingrat
48. Le Dissipateur
49. Le Médisant, — l'Irrésolu
50. Le Tambour nocturne

COLLIN-D'HARLEVILLE

LA FAMILLE
BRETONNE

COMÉDIE EN CINQ ACTES

REPRÉSENTÉE POUR LA PREMIÈRE FOIS A PARIS EN

1780

NOUVELLE ÉDITION

PUBLIÉE

PARIS

DÉPARTEMENTS, ÉTRANGER,

CHEZ TOUS LES LIBRAIRES

1878

LA FAMILLE BRETONNE

PERSONNAGES.

M. GERMAIN.
M. MARCEL, frère de M. Germain.
M. HILAIRE, voisin.
CHARLES, fils de M. Germain.
ANDRÉ, domestique de M. Marcel.

Mᵉ GERMAIN.
SUZETTE, nièce des deux frères.
NICOLE, gouvernante de M. et Mᵉ Germain.

(La scène est chez M. Germain, à Morlaix, dans la Basse-Bretagne.)

ACTE PREMIER
Le théâtre représente un salon.

SCÈNE I
M. GERMAIN, M. MARCEL.

M. MARCEL.
Oh ! ma foi, c'est trop fort: tu te moques, mon frère.

M. GERMAIN.
Non, mon frère, en honneur.

M. MARCEL.
                    Je gage le contraire.

M. GERMAIN.
Ah ! fort bien ! Alors, moi, j'ai donc menti ?

M. MARCEL.
                          Vraiment,
Chose rare ! un marin, un voyageur qui ment !

M. GERMAIN.
Je te dis vrai.

M. MARCEL.
          Le vrai n'est donc pas vraisemblable.

M. GERMAIN.
Encore un coup, c'était...
M. MARCEL.
C'était!... C'est une fable.
M. GERMAIN.
Dans ma dernière course...
M. MARCEL.
Oh! tant que tu voudras.
M. GERMAIN.
Dans ce combat, te dis-je, où mourut dans mes bras
L'ami qui m'a laissé cette fortune immense.
M. MARCEL.
Soit ; mais pour ton récit...
M. GERMAIN.
Allons, il recommence !
M. MARCEL.
Je n'en crois pas un mot.
M. GERMAIN.
Ainsi tu vas nier
Un fait que moi...
M. MARCEL.
J'ai lu le fait dans Tavernier.
M. GERMAIN.
Quand je te dis : j'ai vu, tu me cites un livre.
M. MARCEL.
Je soutiens...
M. GERMAIN.
Quelle tête !
M. MARCEL.
Avec lui peut-on vivre?
M. GERMAIN.
En effet, quand il vient contrarier sur tout !
M. MARCEL.
On ne peut te parler.
M. GERMAIN.
Tu me pousses à bout.
M. MARCEL.
C'est toi plutôt.

M. GERMAIN.
Parbleu ! c'est toi [étrange !
M. MARCEL.
Quel homme
M. GERMAIN.
Eh bien !... pour y tenir, il faudrait être un ange.
M. MARCEL.
Et tu n'en es pas un.
M. GERMAIN.
Tu l'es peut-être, toi ?
M. MARCEL.
J'en ai bien supporté depuis six mois.
M. GERMAIN.
Et moi ?
M. MARCEL.
Mais c'en est trop, enfin.

SCÈNE II

Les Précédents, MADAME GERMAIN.

MADAME GERMAIN.
Eh bien ! on se querelle !
C'est encore, je vois, quelque scène nouvelle ?
M. MARCEL.
Comment n'en pas avoir ?
M. GERMAIN.
Le moyen d'être en paix !
M. MARCEL.
Il se fâche d'un rien.
M. GERMAIN.
Il ne cède jamais.
Je suis l'aîné, pourtant.
M. MARCEL.
Cette raison est forte :
Mon aîné de deux ans !
M. GERMAIN.
Et demi.

M. MARCEL.
Non.
MADAME GERMAIN.
Qu'importe ?
Sur votre âge, à présent, allez-vous disputer ?
M. GERMAIN.
Tout est avec Marcel matière à contester,
Pour tel dès son enfance il s'était fait connaître.
M. MARCEL.
Et Germain ! au collége on le nommait Salpêtre.
M. GERMAIN.
On t'appelait taquin.
M. MARCEL.
Aussi, t'en souviens-tu ?
Tu te battais toujours.
M. GERMAIN.
Et toi, maudit têtu,
Tu querellais sans cesse.
M. MARCEL.
Oui ; te rappellerai-je ?...
MADAME GERMAIN.
Vous allez rappeler vos débats de collége,
Qui depuis quarante ans devraient être assoupis ?
M. MARCEL.
Il est toujours le même.
M. GERMAIN.
Il est encore pis.
MADAME GERMAIN.
Ah ! mon ami !
M. GERMAIN.
Vraiment je sais très-bien, madame,
Que j'aurais toujours tort, selon vous.
M. MARCEL.
Sans ta femme,
Je n'aurais pas resté quinze jours avec toi.
M. GERMAIN.
Non ?
M. MARCEL.
Non, certainement.

M. GERMAIN.
                Ce n'est donc pas pour moi
Que tu vins ?...
             M. MARCEL.
        Oui, pour toi je vins, à la bonne heure;
Mais c'est à cause d'elle, enfin, que je demeure.
           MADAME GERMAIN.
Mon frère !
             M. GERMAIN.
        Tu l'entends : le voilà tel qu'il est.
        MADAME GERMAIN, à M. Germain.
Bon ! il ne pense pas ce qu'il dit là.
             M. MARCEL.
                        Si fait,
Je le pense.
             M. GERMAIN.
        Fort bien ! et c'est ainsi qu'il m'aime !
Mon frère me méprise ; oh ! bien, alors moi-même,
Je le lui rends, parbleu ! Quand aurai-je la paix ?
Quand chez moi...
           M. MARCEL, vivement.
        Je t'entends : adieu donc pour jamais !
         MADAME GERMAIN, de loin.
Marcel ! mon frère !
             M. MARCEL, de loin.
        Non.
                        (Il sort.)

SCÈNE III

M. et MADAME GERMAIN.

           MADAME GERMAIN.
                Il part ! Quoi ! de la sorte
S'en aller !
             M. GERMAIN.
        Tu le vois !
             MADAME GERMAIN.
                Nous affliger !

M. GERMAIN.
                    Qu'importe ?
Ne le rappelez pas ; moi, je vous le défends.
            MADAME GERMAIN.
Cependant...
                M. GERMAIN.
            Non, restez : sommes-nous des enfants ?
            MADAME GERMAIN.
Eh ! mais... peut-être un peu : dites-moi, je vous prie,
Quel était le sujet de votre brouillerie ?
                M. GERMAIN.
Ce sujet, ma femme ?
            MADAME GERMAIN.
                Oui.
                M. GERMAIN.
                    Le sujet ? Eh ! ma foi !
Je ne m'en souviens plus.
            MADAME GERMAIN.
                    Fort bien ! alors je vois...
Vous avez querellé pour quelque bagatelle.
                M. GERMAIN.
Eh ! bagatelle ou non, sur un rien il querelle !
            MADAME GERMAIN.
En vérité, tous deux je ne vous conçois pas :
A toute heure, entre vous, il survient des débats :
C'est tantôt de sa faute, et tantôt de la vôtre ;
Et vous ne pouvez vivre ensemble, et l'un sans l'autre.
                M. GERMAIN.
Oh ! l'un sans l'autre ! A-t-on un moment de repos ?
Son obstination !...
            MADAME GERMAIN.
                Eh ! qui n'a ses défauts ?
N'êtes-vous pas aussi, Germain, soyez sincère,
Un peu trop vif, et même...
                M. GERMAIN.
                    Oh !... sans doute, colère ?
            MADAME GERMAIN.
Tiens, épargne ton frère, et gronde-moi, plutôt.
Gronde-moi, mais écoute ; oui, je le dis tout haut ·

Marcel est bon, jamais il n'eut, j'en suis certaine,
Dessein de te causer la plus légère peine...
M. GERMAIN.
Il m'en cause sans cesse...
MADAME GERMAIN.
Involontairement.
Mais tu ne peux douter de son attachement.
Il l'a prouvé cent fois ; et pour n'en citer qu'une,
Quand ton frère, en un jour, perd toute sa fortune,
Quand la mauvaise foi de son associé,
A qui, pour son malheur, il s'était trop fié,
Le ruine et le force à quitter un commerce
Que depuis vingt-cinq ans à Cadix il exerce,
A qui s'adresse-t-il, ce pauvre malheureux ?
Refusant le secours de ses amis nombreux,
N'est-ce pas près de toi qu'il vient chercher asile ?
Il vient... et non pas seul, mais avec sa pupille,
Cette jeune Suzette, unique, aimable enfant
D'une sœur que tous deux chérissiez tendrement.
M. GERMAIN.
Ah! oui... Pauvre Suzette !
MADAME GERMAIN.
Hélas ! l'infortunée
Par le même revers fut aussi ruinée !
M. GERMAIN.
Je le sais.
MADAME GERMAIN.
Ce n'est pas le besoin, cependant,
Qui le ramène à nous ; non, libre, indépendant,
Il pouvait vivre encore de ce peu qui lui reste ;
Mais il avait besoin, dans son revers funeste,
De nos soins consolants et de notre amitié :
Dans le sein de son frère il s'est réfugié ;
Telle est sa confiance.
M. GERMAIN.
Eh bien ! voyons, ce frère,
L'ai-je mal reçu, dis ?
MADAME GERMAIN.
Oh ! Dieu ! bien au contraire.

M. GERMAIN.
L'ai-je plaint, consolé des maux qu'il a soufferts ?
Ma maison et mes bras lui furent-ils ouverts ?
MADAME GERMAIN.
Oui, j'ai reconnu là votre délicatesse.
M. GERMAIN.
Délicatesse ! eh quoi ! pour un frère, une nièce,
C'était justice.
MADAME GERMAIN.
Oh ! oui : mais depuis cet instant,
Depuis six mois, vous-même êtes bien plus content.
Et Marcel ! avec vous comme il semble se plaire !
M. GERMAIN.
Il y paraît ! toujours il se met en colère.
MADAME GERMAIN.
Et le moment d'après vous voyez sa douleur :
Il faut juger son âme, et non pas son humeur.
Marcel est votre ami le plus vrai, le plus tendre.
M. GERMAIN.
Marcel ? Est-il possible ?
MADAME GERMAIN.
O ciel ! il faut entendre
Comme il parle de vous quand vous êtes absent !
Tout le bien qu'il en dit. Et quel ton ! quel accent !
Il me dit que je suis la plus heureuse femme ;
Il dit bien vrai.
M. GERMAIN.
Marcel n'a point de fiel dans l'âme,
Je le sais.
MADAME GERMAIN.
Il s'en faut. Tenez, en vérité,
Pour notre fils souvent j'admire sa bonté.
Il le traite, il lui parle avec une tendresse !
A ses progrès, surtout, en père il s'intéresse !
Charle aussi l'aime.
M. GERMAIN. [je crois ;
Oh ! oui ; mieux que nous tous,
Que moi du moins. Vraiment, je lui trouve avec moi
Un air froid.

MADAME GERMAIN.
Non, mon fils vous aime, vous révère ;
Mais vous êtes pour lui quelquefois si sévère...
Même...
M. GERMAIN.
Je suis terrible ! Ah ! j'attendais cela :
On ne peut rien lui dire...
MADAME GERMAIN.
Eh bien ! s'il était là ?
Charles est doux, mais timide ; il n'ose, et c'est dommage,
Parler, développer plus d'un rare avantage ;
Il a de l'esprit ; mais... je l'avoue, il vous craint.
M. GERMAIN.
Je vous entends, madame ; ainsi mon fils se plaint ?
Il accuse son père ? Il aurait l'insolence !...
MADAME GERMAIN.
Non, non, plein de respect il garde le silence :
C'est moi seule, Germain, qui l'observe et gémis.
M. GERMAIN.
Allons !
MADAME GERMAIN, souriant.
Mais nous parlions du frère, et non du fils.
M. GERMAIN.
Eh ! oui ; car sans cela j'ai bien assez de peines.
MADAME GERMAIN.
Croyez qu'en ce moment votre frère a les siennes.
M. GERMAIN.
Merci ! Il est ravi de m'avoir tourmenté.
MADAME GERMAIN.
Lui ? Je suis sûre, moi, qu'il a de son côté
Bien du chagrin !
M. GERMAIN.
Ah ! bon ! J'irais lui faire excuse ?
MADAME GERMAIN.
C'est lui qui, bien plutôt, se reproche, s'accuse...
M. GERMAIN.
N'importe, je l'attends.
MADAME GERMAIN.
Entre frères, Germain,

Heureux qui prévient l'autre, et qui lui tend la main!
M. GERMAIN.
Eh!... l'excellente femme.
MADAME GERMAIN.
Ah! voici, ce me semble,
Nos enfants, les amis.

SCÈNE IV

Les Précédens, CHARLES, SUZETTE.

M. GERMAIN.
Aussi toujours ensemble.
CHARLES.
Oui, mon père... il est vrai. Je rencontre au jardin
Suzette, et...
SUZETTE.
Moi, j'avais aperçu mon cousin
De ma fenêtre.
M. GERMAIN.
Oh! oui, le jardin, la fenêtre...
Vous vous trouvez toujours.
SUZETTE.
Au fait, cela doit être;
Car mon cousin me cherche, et je ne le fuis pas.
M. GERMAIN.
Fort bien; mais...
MADAME GERMAIN, à demi-voix à son mari.
J'aime à voir leur naïf embarras,
Chers enfants!
(Haut.)
Qu'est-ce donc? Toi, ma chère Suzette,
Et si vive et si gaie, et dont la chansonnette
Sait dès le point du jour nous mettre tous en train,
Aujourd'hui, je te trouve un air presque chagrin?
CHARLES.
Nous avons du chagrin, ma mère.
MADAME GERMAIN.
Et pourquoi, Charle?

SUZETTE.
Ce n'est pas sans sujet.
MADAME GERMAIN.
Comment?
M. GERMAIN, à Charles.
Allons donc, parle.
CHARLES.
Nous avons rencontré notre cher oncle.
M. GERMAIN.
Eh bien?
Ce cher oncle, voyons, que vous a-t-il dit?
SUZETTE.
Rien.
CHARLES.
Nous n'osions l'aborder, de peur de lui déplaire
SUZETTE.
Ce pauvre oncle! il semblait être bien en colère.
M. GERMAIN.
En colère? Ah! fort bien : sans doute contre moi?
Car il en a sujet.
CHARLES.
Nous ne savons pourquoi.
SUZETTE.
Mais nous nous en doutons.
MADAME GERMAIN.
Allons...
M. GERMAIN, à Suzette.
Et vous, je gage
Vous lui donnez raison; c'est assez votre usage.
C'est à l'oncle Marcel qu'on va toujours parler.
SUZETTE.
Si vous étiez tout seul, j'irais vous consoler.
M. GERMAIN.
Cet oncle est tout pour vous.
SUZETTE.
Permettez, je vous prie;
Cet oncle est mon tuteur.
M. GERMAIN, vivement.
Eh bien! qu'il vous marie;

Car ce ne sera pas avec votre cousin,
Et Charle épousera la fille du voisin.
CHARLES.
Mon père!
M. GERMAIN.
Taisez-vous.
MADAME GERMAIN.
Mais, mon ami... j'ignore
Quel tort ont ces enfants...
M. GERMAIN.
Soutenez-les encore,
Madame! Tout le monde est ligué contre moi,
Épouse, frère, enfants, tous, en un mot.
MADAME GERMAIN.
Eh quoi!
Contre nous tous ainsi vous êtes en colère!

SCÈNE V

Les Précédents, M. HILAIRE.

M. HILAIRE, de loin, à part.
On querelle, tant mieux.
M. GERMAIN.
C'est vous, mon cher Hilaire?
Parbleu! plus à propos vous ne pouviez venir.
M. HILAIRE.
Trop bon. Je viens toujours avec nouveau plaisir.
Madame, j'ai l'honneur...
(Madame Germain le salue assez froidement.)
M. GERMAIN, vivement.
Donnez-moi des nouvelles
De ces dames, mon cher, comment se portent-elles?
M. HILAIRE.
A merveille, voisin; toutes deux m'ont chargé
De tendres compliments...
M. GERMAIN.
Je vous suis obligé.

M. HILAIRE.
Particulièrement pour la chère voisine.
MADAME GERMAIN.
Monsieur...
M. HILAIRE.
Sans oublier et Charle et la cousine.
SUZETTE.
Ces dames ont, monsieur, beaucoup trop de bonté.
M. GERMAIN, avec affectation.
De votre fille, hier, moi, je fus enchanté.
M. HILAIRE.
Ah! mon cher!
M. GERMAIN.
Sans vouloir lui donner de louange,
Elle a chanté, touché du piano comme un ange.
M. HILAIRE.
Vous la flattez.
M. GERMAIN.
Mais non.
M. HILAIRE.
Elle a quelques talents.
Je lui donnai d'abord des maîtres excellents,
Ce qu'on a de meilleur à Morlaix; je m'en pique.
Nous perfectionnons sa danse, sa musique,
Surtout son bon français; j'arrête ce matin
Un maître plein de goût, de Quimper-Corentin.
MADAME GERMAIN.
De Quimper-Corentin! c'est puiser à la source.
CHARLES.
Mais oui.
M. HILAIRE.
Notre Morlaix a si peu de ressources!
M. GERMAIN.
Et voilà comme on forme un excellent sujet!
Votre fille est charmante.
SUZETTE, à part.
Oh! qu'elle me déplaît!
M. GERMAIN, toujours avec affectation.
Au reste, je parlais à mon fils, à ma femme,

D'un projet qui me rit, me touche au fond de l'âme ;
Vous savez...
M. HILAIRE.
C'est aussi le plus cher de mes vœux.
M. GERMAIN.
Si vous le désirez, quant à moi je le veux ;
Oui, j'y suis décidé, quoi qu'on dise et qu'on fasse
M. HILAIRE.
Je ne vois point le frère ?
M. GERMAIN, vivement.
Il est sorti.
M. HILAIRE.
De grâce,
Se porte-t-il ?...
M. GERMAIN.
Très-bien. Le point essentiel...
M. HILAIRE, à part.
Seraient-ils brouillés ? bon.
(Haut.)
Ce cher monsieur Marcel,
Toujours vif, disputeur comme à son ordinaire ?
M. GERMAIN.
Plus que jamais ; mais quoi ! parlons de notre affaire.
M. HILAIRE.
Ah ! le cher frère et vous, vous avez querellé.
MADAME GERMAIN.
Ce n'est rien.
M. HILAIRE.
Sûrement.
(A Germain.)
Quel nouveau démêlé ?...
M. GERMAIN.
Vous connaissez Marcel et son humeur.
M. HILAIRE.
Sans doute,
Elle est rare, en effet ; tous deux je vous écoute,
Et j'admire son ton contrariant, mutin,
Et votre complaisance.

M. GERMAIN.
Ecoutez donc... enfin
La patience échappe.

M. HILAIRE.
Un querelleur semblable
Impatiente; il est vraiment insupportable.

M. GERMAIN.
Insupportable? Oh! mais le terme est un peu fort;
Mon frère est quelquefois un peu taquin, d'accord;
Mais il est bon.

M. HILAIRE.
Sans doute; il est loyal, honnête;
Mais il a, franchement, une terrible tête.

M. GERMAIN.
Terrible.

M. HILAIRE.
Revenons à ce charmant projet.

M. GERMAIN.
Ah! oui.

M. HILAIRE.
Tantôt encor ma femme s'affligeait
Des délais que toujours essuya cete affaire.

M. GERMAIN.
Oh bien! ce n'est pas moi désormais qui diffère.

M. HILAIRE.
Ni moi non plus, mon cher, puisqu'il en est ainsi.

M. GERMAIN.
Cela ne peut pas plaire à tout le monde ici.
Mais qu'importe? Après tout, ne suis-je pas le maître?

M. HILAIRE.
En effet, mon voisin.

M. GERMAIN.
Oui, je ferai connaître
Si c'est au père ou bien à l'oncle à décider.

M. HILAIRE.
Sans doute; il est des cas où l'on pourrait céder,
Ou déférer du moins aux volontés contraires
Qu'en ces occasions peuvent montrer des frères;

LA FAMILLE BRETONNE. 2

Ici vous n'avez rien de tel à ménager.
M. GERMAIN.
Comment !
M. HILAIRE.
Vous ne courez, je crois, aucun danger.
M. GERMAIN.
De quoi ?
M. HILAIRE.
Votre refus, en cette circonstance,
Ne vous privera pas d'un héritage immense.
M. GERMAIN.
Qu'entendez-vous par là ?
M. HILAIRE.
Mais que le cher Marcel
Ne peut nous faire à tous ni bien ni mal.
M. GERMAIN.
O ciel!
Vous lui reprocheriez son défaut de fortune!
M. HILAIRE.
Je ne dis pas...
M. GERMAIN.
Eh quoi! pour n'en avoir aucune,
Pour être malheureux, faudra-t-il qu'aujourd'hui
On ait moins de tendresse et de respect pour lui ?
En est-il moins leur oncle ? en est-il moins mon frère?
Il est pauvre! Eh! c'était un motif, au contraire,
Pour redoubler d'égards... Et moi!.. ciel! qu'ai-je fait!
J'ai maltraité, blessé, j'ai lassé tout à fait
Mon frère, mon ami qui se voit dans la gêne,
Qui s'adresse à moi seul pour soulager sa peine,
Qui demeure chez moi! Je fus assez cruel!
Ah! je cours de ce pas, je vais chercher Marcel:
A ce frère si bon je vais demander grâce :
Il faut qu'il me pardonne, il faut que je l'embrasse.
Ma femme... Excusez-moi, mon cher, mais je ne puis..
Je n'aurai de repos...
(En s'en allant.)
Malheureux que je suis!

SCÈNE VI

Les Précédents, excepté M. GERMAIN.

M. HILAIRE, à part.

J'ai fait un beau chef-d'œuvre!

MADAME GERMAIN, qui sourit bas.

Eh bien! monsieur Hilaire!
Voilà quel est Germain, voilà ce qu'est un frère.

M. HILAIRE.

Oui, rien n'est plus touchant!

CHARLES.

Plus naturel.

SUZETTE.

Monsieur
N'a jamais, je le vois, eu ni frère ni sœur.

M. HILAIRE.

Non. Mais pourquoi, de grâce?

SUZETTE.

Oh! j'en étais bien sûre.

MADAME GERMAIN, bas à Suzette.

Paix!
(Haut.)
Oui, ce prompt retour est bien dans la nature.
Deux bons frères pourront (car sommes-nous parfaits?)
Se quereller souvent; mais se haïr, jamais.

CHARLES et SUZETTE.

Jamais.

MADAME GERMAIN.

Je dois, monsieur, et du fond de mon âme,
Vous remercier, moi.

M. HILAIRE.

Vous? de quoi donc, madame?

MADAME GERMAIN.

De cette attention que vous venez d'avoir,
De faire à mon mari mieux sentir son devoir.
Eh! oui, c'est une adresse, au fait, très-peu commune:
Rappeler que Marcel était dans l'infortune!

Que d'esprit! Rien n'était plus propre, en ce moment,
A réveiller en lui tout son attachement.
Et par ce peu de mots, que je crois très-sincères,
Vous êtes cause enfin, monsieur, que deux bons frères
Vont se raccommoder un quart d'heure plus tôt.

M. HILAIRE.

Madame...

MADAME GERMAIN.

Je vous quitte à regret; mais il faut
Que je sois le témoin d'une scène touchante;
Et croyez qu'à jamais j'en suis reconnaissante.

(Elle sort en souriant.)

SCÈNE VII

M. HILAIRE, CHARLES, SUZETTE.

(Charles et Suzette se font des mines.)

M. HILAIRE, à part.

Fort bien; elle a raison, au fond, de me railler;
C'est moi qui viens ici les réconcilier.
Maladroit!

(Haut.)

Digne femme!

CHARLES.

Elle nous est bien chère.
Tendre sœur, tendre épouse, et surtout bonne mère.

SUZETTE.

C'est ma tante... et pour moi c'est une mère aussi.

CHARLES, bas à Suzette.

Plût au ciel!

M. HILAIRE.

Mes enfants, je pense bien ainsi:
Oui j'ai beaucoup d'estime et de respect pour elle.

CHARLES.

Avec ma mère ici personne ne querelle.
C'est elle qui toujours fait renaître la paix.

M. HILAIRE.

C'est charmant.

SUZETTE.
Jugez donc si chez autrui jamais
Elle viendrait troubler la bonne intelligence.
CHARLES, bas.
Suzette!
M. HILAIRE.
Oh! non, sans doute.
CHARLES.
Elle a tant d'indulgence!
SUZETTE, à M. Hilaire.
Pour Charle et moi, jamais, vous en êtes témoin,
Nous ne nous querellons.
CHARLES.
Non.
SUZETTE.
Il n'est pas besoin
Qu'un tiers officieux entre nous deux survienne.
De nous raccommoder personne n'a la peine.
M. HILAIRE.
Je vous en félicite.
(A part.)
Impertinente!
(Haut.)
Adieu!
(A Charles.)
Te verra-t-on bientôt?
CHARLES.
J'aurai l'honneur, dans peu...
M. HILAIRE.
Tu sais comme on te voit, Charles, dans ma famille
M. CHARLES.
Monsieur...
M. HILAIRE.
Ma femme t'aime!.. Et pour ma chère fille,
Je ne te dis rien d'elle.
CHARLES.
On est beaucoup trop bon.
M. HILAIRE, avec affectation.
Au revoir donc, mon gendre.

SUZETTE, à part.
Ah! ciel!
M. HILAIRE, à part.
Je crains que non.
(Il sort.)

SCÈNE VIII

CHARLES, SUZETTE.

SUZETTE.
Voilà donc son projet! J'ai beau paraître gaie,
J'ai du chagrin. Mon gendre...Oh! que ce mot m'effraie!
CHARLES.
Suzette, et moi!
SUZETTE.
Toujours j'ai présent ce refrain:
Et Charle épousera la fille du voisin!
CHARLES.
Mon père dit cela quand il est en colère.
SUZETTE.
Il le fera de même. Ah! je hais ces Hilaire!
CHARLES.
Et les aimé-je, moi?
SUZETTE.
Mais parfois, entre nous,
On le croirait, à voir ton air honnête et doux.
Pour tous ces chers voisins, et tes soins, ton beau zèle
Pour monsieur, pour madame, et pour mademoiselle.
CHARLES.
Je suis poli, cousine, et ne suis rien de plus.
SUZETTE.
Très-poli.
CHARLES.
J'obéis aux ordres absolus
De mon père.
SUZETTE.
Fort bien! Et par obéissance

Vous épouserez donc mademoiselle Hortense?
CHARLES.
Jamais, non; mais mon père est vif... tranchons le mot,
Colère, et moi je suis timide.
SUZETTE.
Oh! beaucoup trop.

SCÈNE IX.

Les Précédents, M. MARCEL.

(M. Marcel entre fort agité.)

M. MARCEL.
C'est vous?
CHARLES.
Oui, mon oncle.
M. MARCEL.
Ah!..
SUZETTE, bas à Charles.
Parle-lui donc.
CHARLES, bas.
Je n'ose.
SUZETTE, d'un air bien caressant.
Cher oncle! qu'est-ce donc? Vous avez quelque chose?
M. MARCEL.
Non, ma nièce.
SUZETTE.
Oh! si fait, je vois bien à votre air
Que vous avez...
M. MARCEL.
Non, rien.
SUZETTE.
Mais...
M. MARCEL.
Tais-toi donc.
(A Charles.)
Mon cher,
Ton père, où donc est-il?

CHARLES.
Mon père ?
M. MARCEL.
Eh ! oui, ton père.
SUZETTE.
Vous ne l'avez pas vu ?
M. MARCEL.
Non ; je me désespère.
Je vais, viens, rentre, sors ; en un mot je ne puis...
Ah ! je ne puis rester dans l'état où je suis.
Ce cher, ce bon Germain ! je sens combien je l'aime.
Il faut que je l'embrasse.
CHARLES.
Eh ! dans l'instant lui-même,
Mon oncle, il est sorti pour vous aller chercher...
M. MARCEL.
Qu'entends-je ?
SUZETTE.
Au désespoir d'avoir pu vous fâcher.
CHARLES.
Oui, mon père a couru, volé sur votre trace...
SUZETTE.
Il a dit comme vous : « Il faut que je l'embrasse. »
M. MARCEL.
Il se pourrait !... Mais oui, sans peine je le crois ;
Je reconnais Germain : il vaut bien mieux que moi.
CHARLES.
Vous êtes bons tous deux.
M. MARCEL.
Il est meilleur.

SCÈNE X

Les Précédents, M. GERMAIN.
(M. Germain entre et écoute de loin sans être vu.)

M. MARCEL.
Mon frère
Est vif et prompt, d'accord ; peut-être un peu colère ;

Mais c'est presque toujours le défaut des bons cœurs:
Les caractères vifs sont encor les meilleurs.
Aussi c'est toujours moi qui l'attaque et le fâche;
Je m'obstine sans cesse, et semble prendre à tâche
De le contrarier. Noble, franc, généreux,
De près, de loin, son cœur rend tout le monde heureux;
Tout Morlaix lui rendrait le même témoignage;
Mais ne le regardons qu'au sein de son ménage:
Bon père, bon mari, meilleur frère...

M. GERMAIN, se montrant.

Ah! Marcel!

Ah! mon frère!

M. MARCEL.
(Ils s'embrassent.)

Germain! voilà ton naturel!
Et le premier toujours tu reviens de la sorte.

M. GERMAIN.

Oui; car j'ai toujours tort.

M. MARCEL.

Eh! non; c'est moi.

M. GERMAIN.

Qu'importe.
Ne parlons plus de torts; que tout soit oublié.

M. MARCEL.

Tout, excepté la tendre et fidèle amitié.

M. GERMAIN.

Ah! oui, toujours amis... Je t'écoutais là, frère,
Et mon cœur jouissait.

M. MARCEL.

Le mien parlait.

CHARLES, avec désordre.

Mon père!
ton cher oncle!...

SUZETTE.

Oui, tous deux quel plaisir nous avons
le voir...

M. MARCEL.

Quoi? que mon frère et moi nous nous aimons?
Est-ce nouveau?

CHARLES.
Non, mais... Quelle joie est la nôtre!

M. GERMAIN, à M. Marcel.
Comme ils nous aiment!...

M. MARCEL, à M. Germain.
Oui. Comme ils s'aiment l'un l'autre!

M. GERMAIN, à M. Marcel.
Ah! coquin! je t'entends.

M. MARCEL, montrant Suzette.
Son aimable gaîté
Nous rappelle la grâce et la vivacité
De notre chère sœur...

M. GERMAIN.
Oui; pauvre Caroline!
Son orpheline au moins m'est bien chère...

SUZETTE.
Orpheline!
Est-ce qu'on l'est avec deux oncles tels que vous?
J'ai deux pères pour un.

M. MARCEL.
C'est un enfant pour nous...

CHARLES.
O Suzette!

M. MARCEL, à demi-voix à son frère, en lui montrant
Suzette, qui l'entend bien.
Germain, est-elle assez jolie?

M. GERMAIN, de même.
Oui; depuis un moment elle semble embellie.

M. MARCEL, plus haut.
Chère enfant! Mon ami, regarde-la donc bien.

M. GERMAIN.
Pourquoi, frère?

M. MARCEL.
Ces traits ne te rappellent rien?

M. GERMAIN.
Mais... sa mère, d'abord.

M. MARCEL.
Sans doute; mais encore?
Un de nos grands parents.

M. GERMAIN.
Oui ? Lequel donc ? j'ignore...
M. MARCEL.
Tu ne remarques pas que c'est tout le portrait...
M. GERMAIN.
Et de qui ?
M. MARCEL.
De quelqu'un... tiens, quand elle riait...
C'est elle...
M. GERMAIN.
Nomme donc.
M. MARCEL.
Mais notre grande-tante,
Cette bonne Thérèse.
M. GERMAIN.
Ah ! Dieu ! cette méchante ?
M. MARCEL.
Méchante ?
M. GERMAIN.
Sûrement, méchante ; elle l'était.
M. MARCEL.
Quoi ! la meilleure femme !
M. GERMAIN.
Oui, qui me détestait !
M. MARCEL.
Je n'y pensais pas, moi.
M. GERMAIN.
Non ? l'excuse est nouvelle !
SUZETTE, bas.
Nous voilà perdus, Charles ; encore une querelle.
CHARLES.
Mon père...
M. GERMAIN.
Laissez-nous.
SUZETTE.
Mon cher tuteur.
M. MARCEL.
Tais-toi.

M. GERMAIN.
Thérèse, bonne tante !
M. MARCEL.
Elle l'était pour moi.
M. GERMAIN.
Elle me haïssait et m'accablait d'injures.
M. MARCEL.
Tu lui disais souvent des paroles si dures !
M. GERMAIN.
La bonne tante !
M. MARCEL.
Aussi tu l'impatientais,
Tu la faisais pleurer.
M. GERMAIN.
Et toi, tu la flattais.
M. MARCEL.
Fort bien ! On est flatteur, parce qu'on est honnête.
M. GERMAIN.
Et dur, quand on est franc.
M. MARCEL.
Je n'avais pas ta tête,
J'étais doux.
M. GERMAIN.
Oh ! charmant ! Mais moi, du moins, j'avais..
J'ai toujours un bon cœur.
M. MARCEL.
J'en ai donc un mauvais ?
M. GERMAIN.
Tout exprès rappeler ce qui fait de la peine !
Il n'y manque jamais.
M. MARCEL.
Puis-je avoir de la haine
Pour une bonne femme et qui m'a tant chéri ?
M. GERMAIN.
Et moi, dois-je bénir celle qui m'a haï ?
M. MARCEL.
Tout le monde l'aimait.
M. GERMAIN.
Et moi, je la déteste.

M. MARCEL.
Déteste! mais pour moi, ma tendresse lui reste.
Chère tante! je l'aime, enfin, de tout mon cœur.
M. GERMAIN.
Soit.
SUZETTE, à M. Germain.
Mon cher oncle.
M. GERMAIN.
Allez, suivez votre tuteur,
Et flattez-le toujours comme il flattait sa tante:
Mais vous serez tous deux trompés dans votre attente,
Et Charle épousera la fille du voisin.
M. MARCEL.
Soit.
M. GERMAIN.
Je cours chez Hilaire.
(Il sort.)
M. MARCEL.
Eh! vas-y.
(Il sort aussi.)
SUZETTE.
Mon cousin!
CHARLES.
Suzette!
SUZETTE.
Quel malheur!
CHARLES.
Oui; mais, je le répète,
Je n'aime et n'aimerai jamais que ma Suzette.
(Ils sortent chacun de leur côté.)

ACTE DEUXIÈME

SCÈNE I

M. GERMAIN, CHARLES.

M. GERMAIN.
Écoutez: il s'agit d'un point très-important.
Je sors de chez Hilaire, et tous deux, à l'instant.
Nous venons de conclure enfin ce mariage
Si longtemps différé: sans tarder davantage,
Mademoiselle Hortense et vous serez unis,
Et cela dans trois jours.

CHARLES.
Dans trois jours!

M. GERMAIN.
Oui, mon fils.

CHARLES, à part.
O ma chère Suzette!

M. GERMAIN.
Ainsi donc, tout de suite,
Charle, à votre future allez faire visite.
Partez, et de ce pas; vous êtes attendu;
Voilà beaucoup de temps, beaucoup trop de perdu,
On vous recevra bien; mais vous, soyez honnête.
Même empressé, galant... Eh bien! qui vous arrête?

CHARLES.
Mon père...

M. GEMRAIN.
Quoi, mon fils?

CHARLES.
De grâce...

M. GERMAIN.
A quel propos?

CHARLES.
Me sera-t-il permis de vous dire deux mots?

M. GERMAIN.
Deux mots ? Eh ! qu'as-tu donc à dire ?
CHARLES.
Ah ! bien des choses,
Si j'osais vous parler, mon père...
M. GERMAIN.
Bon ! tu n'oses ?...
Oui ! je suis si terrible !
CHARLES.
Oh ! non !
M. GERMAIN.
Au fond du cœur.
Je t'aime ; je ne veux ici que ton bonheur,
Charle, et tu me craindrais !
CHARLES.
Je crains de vous déplaire.
(M. Germain fait un mouvement.)
Daignez donc un moment m'écouter sans colère.
Vous avez, dès longtemps, je dois en convenir,
Vous et monsieur Hilaire eu dessein de m'unir
Avec sa fille.
M. GERMAIN.
Oh ! oui, depuis longtemps, sans doute ;
Eh bien ! on vous unit.
CHARLES.
De grâce...
M. GERMAIN, se contenant à peine.
Allons, j'écoute.
CHARLES.
Ce matin même... Hélas ! déjà vous l'oubliez,
L'oncle Marcel et vous, bien réconciliés,
Vous souriiez à Charle ainsi qu'à sa cousine,
Et vous ne parliez plus alors de la voisine.
M. GERMAIN.
Oui, j'aurais pu changer par égard, par bonté
Pour votre oncle... Mais lui, comment m'a-t-il traité ?
Quand pour lui je manquais à d'anciennes promesses !
CHARLES.
Et nous, encouragés par vos douces caresses,

Suzette et moi, mon père, il semble qu'en ce jour
Nous ayons redoublé d'espérance et d'amour!
Et quand nous faisons vœu de constance éternelle,
Vous avez, l'oncle et vous, eu dispute nouvelle...
M. GERMAIN.
Pour la dernière fois j'entends et je prétends...

SCÈNE II

Les Précédents, MADAME GERMAIN.

MADAME GERMAIN.
Qu'est-ce donc, mes amis?
M. GERMAIN.
Mais depuis un instant
Je ne reconnais plus votre fils; il m'étonne
Par son air décidé. Monsieur répond, raisonne;
Il est bien revenu de sa timidité,
Je vous assure.
MADAME GERMAIN, souriant.
Ah! ah; tant mieux.
M. GERMAIN.
En vérité?
Mais, monsieur, finissons. Sans débat, sans colère,
Allez, et de ce pas, chez mesdames Hilaire.
CHARLES.
Mon père, j'obéis.
(A part, avec douleur.)
J'irai, je les verrai;
Mais je ferai si bien, que je leur déplairai.
(Il sort.)

SCÈNE III

M. et MADAME GERMAIN.

MADAME GERMAIN.
Chez ces dames? Eh! mais... quelle raison nouvelle?

M. GERMAIN.
Une telle visite est assez naturelle,
Surtout en ce moment; et c'est le moins, je croi,
De voir sa belle-mère et sa future.
MADAME GERMAIN.
 Eh quoi!
M. GERMAIN.
Oui, je viens d'arrêter enfin ce mariage;
Et c'est à notre fils de couronner l'ouvrage.
MADAME GERMAIN.
Ah! sans me prévenir! vous êtes bien discret,
Mon cher mari!
M. GERMAIN.
 Mais non, ce n'est point un secret;
Ce projet, dès longtemps, je te l'ai fait connaître.
MADAME GERMAIN.
J'ai cru que vous aviez changé d'avis.
M. GERMAIN.
 Peut-être.
En tous cas, cette fois je ne changerai plus:
Et nos arrangements sont arrêtés, conclus:
Toute observation serait fort inutile.
MADAME GERMAIN.
Je n'en ferai donc point, mon cher, soyez tranquille;
Parfois je me résous à me faire gronder,
Mais c'est quand j'ai l'espoir de vous persuader.
 (A part.)
Attendons.

M. GERMAIN.
Oui, toujours la meilleure des femmes.

SCÈNE IV

Les Précédents, M. HILAIRE.

M. HILAIRE.
Votre fils tarde bien à venir voir ces dames,
Mon voisin.

(A madame Germain.)
Ah! pardon!
M. GERMAIN.
Il y court dans l'instant:
Vous ne l'avez pas vu?
M. HILAIRE.
Non vraiment, on l'attend;
Ma fille cache en vain sa vive impatience.
M. GERMAIN.
Et la fille et la mère ont beaucoup d'indulgence.
M. HILAIRE.
Charle en a-t-il besoin? Mon ami! trop heureux
De former entre nous, de resserrer les nœuds...
Oui, qui nous unissaient dès longtemps!
M. GERMAIN.
Cher Hilaire!
M. HILAIRE.
Madame en ce moment voit du même œil, j'espère?...
MADAME GERMAIN.
Monsieur...
M. GERMAIN.
Oh! j'en réponds; oui, Charle est notre fils;
Sur ce point, comme en tout, nous n'avons qu'un avis;
(A sa femme.)
N'est-ce pas?
MADAME GERMAIN.
Mon ami, vous me rendez justice.
(A part.)
Pour la première fois employons l'artifice.
(Haut.)
Je vais vous le prouver; car...
M. GERMAIN, à M. Hilaire.
Ma femme sourit.
M. HILAIRE.
Mais, en effet...
MADAME GERMAIN.
Tenez ; il me vient à l'esprit
Une idée imprévue et pourtant naturelle;
Elle me semble heureuse...

M. GERMAIN.
          Ah ! voyons, quelle est-elle ?
          MADAME GERMAIN, à M. Hilaire.
Je commence, monsieur, par vous faire un aveu.
C'est que jusqu'à présent je combattais un peu
(Tout en rendant justice à votre aimable fille)
L'union projetée entre votre famille
Et la nôtre.
          M. GERMAIN.
          Il est vrai, tu ne l'as pas caché.
          M. HILAIRE.
Eh bien ! madame ?
          MADAME GERMAIN, à son mari.
               Eh ! oui, j'avais toujours tâché
De te faire adopter le plan de ton bon frère ;
Tel était mon avis.
          M. GERMAIN.
          C'est tout simple, ma chère.
          M. HILAIRE.
Mais à présent ?
          MADAME GERMAIN.
          Je sens que j'y dois renoncer.
          M. HILAIRE.
Il est certain...
          M. GERMAIN.
               Sans doute, il n'y faut plus penser.
Comme je te l'ai dit, l'affaire est décidée.
          MADAME GERMAIN.
Alors, je cède ; et même... Oui, voici mon idée.
          M. GERMAIN.
Voyons, ma chère femme.
          M. HILAIRE, à part.
               Où veut-elle en venir ?
          MADAME GERMAIN.
Pour resserrer les nœuds qui vont tous nous unir,
Et ne faire entre nous qu'une seule famille ;
Si nous ?... Monsieur n'a pas seulement une fille...
          M. HILAIRE, à part.
Oh ! ciel !

MADAME GERMAIN.
Il a de plus un fils.
M. GERMAIN.
Mais en effet...
Maurice.
MADAME GERMAIN.
Que l'on dit un excellent sujet;
Oh! cune homme, en un mot, d'une grande espérance.
M. GERMAIN.
Un? oui.
MADAME GERMAIN.
Si nous faisions une double alliance?
M. HILAIRE.
Madame... assurément... on pourrait...
M. GERMAIN.
Eh! vraiment,
La chose est possible; oui, cela serait charmant :
Hortense avec mon fils, votre fils et Suzette...
Qu'en dites-vous, voisin?
M. HILAIRE.
Oh! l'idée est parfaite :
Je suis reconnaissant... Cependant, permettez :
Je vois à ce projet quelques difficultés.
M. GERMAIN.
Oh! nous les lèverons; car moi, rien ne m'étonne :
Lesquelles donc?
M. HILAIRE.
D'abord Maurice est à Péronne,
Et vous sentez fort bien...
MADAME GERMAIN.
Ces dames, l'autre jour,
Me disaient que bientôt il serait de retour.
M. GERMAIN.
Je m'en souviens.
M. HILAIRE.
D'accord; mais j'apprends avec peine
Qu'il remet son voyage à la saison prochaine.
MADAME GERMAIN.
Nous attendrons.

M. GERMAIN.
Sans doute.
M. HILAIRE.
Ah! quel retard! jugez!
MADAME GERMAIN.
Oui; mais nous en serons si bien dédommagés!
M. HILAIRE.
Mon cher voisin lui-même est d'une impatience!...
M. GERMAIN.
Il n'importe; en faveur de la double alliance
J'attendrai volontiers.
M. HILAIRE.
Eh bien! mes chers amis,
Il faut vous dire tout : apprenez que mon fils
Par des liens puissants va tenir à Péronne.
Il est amoureux...
M. GERMAIN.
Bon!
M. HILAIRE.
D'une jeune personne
Charmante, m'écrit-il; il en est transporté :
Et moi, qui suis bon père, au fond je suis porté...
M. GERMAIN.
Amoureux, c'est fort bien; mais quoi! mon fils lui-même
Est amoureux aussi; cette Suzette, il l'aime.
M. HILAIRE.
Sa cousine!
M. GERMAIN.
Oui, vraiment.
M. HILAIRE.
Allons donc! Le beau feu!
M. GERMAIN.
Ecoutez donc; il vient de m'en faire l'aveu
D'un ton qui m'a frappé.
M. HILAIRE.
Bon! pur enfantillage,
Qui ne peut mettre obstacle à notre mariage.
M. GERMAIN.
J'en pourrais dire autant de votre fils, je crois.

M. HILAIRE.
Ah! quelle différence!
M. GERMAIN.
En quoi?
MADAME GERMAIN.
Je pense, moi,
Que l'inclination de votre cher Maurice,
Comme de notre Charle, est un léger caprice
Qui ne doit point du tout déranger nos desseins:
Pour ne parler ici que des jeunes cousins,
Quand Suzette verra Charles, sans répugnance,
De bon cœur épouser mademoiselle Hortense;
Bientôt avec l'espoir perdant ce bel amour,
Elle se trouvera trop heureuse, à son tour,
De recevoir les vœux d'un jeune homme estimable,
Qui doit trouver aussi notre Suzette aimable.
M. HILAIRE.
Votre cher fils pouvait espérer plus de bien,
Soit; Suzette n'est pas très-riche.
M. HILAIRE, à part.
Elle n'a rien.
(Haut.)
Cher voisin, ce n'est pas le défaut des richesses...
Qui me refroidirait pour votre aimable nièce...
Soyez persuadé...
MADAME GERMAIN.
Nous le sommes, monsieur;
Nous connaissons très-bien le fond de votre cœur,
Votre délicatesse.
M. GERMAIN.
Oh! oui; je me propose
Pour Suzette, d'ailleurs, de faire quelque chose.
C'est l'enfant de ma sœur, c'est ma nièce; en un mot,
J'ai là mille louis de côté pour sa dot.
M. HILAIRE, à part.
La belle dot!
(Haut.)
Eh! mais ce n'est pas là, vous dis-je,
Ce qui m'arrêterait, mon cher; ce qui m'afflige,

C'est de voir retarder l'hymen de Charles.
MADAME GERMAIN.
Bon !
Retardé d'un moment.
M. HILAIRE.
D'au moins trois mois.
M. GERMAIN.
Eh ! non.
Je veux absolument un double mariage,
Voilà mon dernier mot.
M. HILAIRE.
Allons, monsieur...
(A part.)
J'enrage.
Cédons, il est plus riche.
M. GERMAIN.
Oui, deux contrats, ou point.
M. HILAIRE.
Je vais donc consulter ma femme sur ce point.
M. GERMAIN.
Soit, mais...
M. HILAIRE.
Allons...
(A madame Germain.)
Je suis reconnaissant, madame,
De vos attentions.
(A part.)
Peste soit de la femme !
MADAME GERMAIN.
Mon motif est bien pur.
M. HILAIRE.
Oh ! j'en suis pénétré.
(A part.)
Elle me joue un tour, mais je le lui rendrai.
(Haut.)
Au revoir, cher voisin.
M. GERMAIN, de loin.
Au revoir ; mais, du reste,
Je suis décidé.

M. HILAIRE, en s'en allant.
Soit.
MADAME GERMAIN, à part.
Je crois qu'il me déteste.
(M. Hilaire sort.)

SCÈNE V

M. et MADAME GERMAIN.

M. GERMAIN.
Ton projet est charmant.
MADAME GERMAIN.
N'est-ce pas, mon ami?
Il faut, autant qu'on peut, ne rien faire à demi.
M. GERMAIN.
Eh ! oui; je ne vois pas pourquoi le cher Hilaire
Combattait une idée et si juste et si claire.
MADAME GERMAIN.
Tu ne le vois pas ?...
M. GERMAIN.
Non, je ne puis concevoir...
Quel motif... peut ainsi...
MADAME GERMAIN.
Moi, j'ai cru l'entrevoir ;
Motif très-naturel.
M. GERMAIN.
Et quel est-il?
MADAME GERMAIN.
Écoute
Sans humeur : le voisin est brave homme, sans doute,
Mais ne néglige pas ses petits intérêts :
Il veut bien que sa fille épouse, et sans délais,
Charles ; car il y trouve un fort grand avantage ;
Mais Suzette n'a rien, presque rien en partage ;
De l'unir à Maurice il n'est pas si pressé.
M. GERMAIN.
Mais en effet... Hilaire est fort intéressé ;

Oui, pour tel, de tous temps, j'ai su le reconnaître
N'importe ; moi, j'insiste.
MADAME GERMAIN.
Il se rendra, peut-être ;
Et sa femme bientôt l'aura persuadé.
M. GERMAIN.
Je l'espère ; pour moi c'est un plan décidé.
Je tiens infiniment à la double alliance.
Que tu mérites bien toute ma confiance !
MADAME GERMAIN.
Je me sens incapable, au moins, d'en abuser.
  (A part.)
Je dissimule ici ; mais on doit m'excuser,
C'est pour gagner du temps et sauver des querelles.
Le frère, ô ciel ! Je crains quelques scènes nouvelles.

SCÈNE VI

Les Précédents, M. MARCEL.

M. MARCEL, un petit livre à la main.
Ah ! frère, dis-moi donc, comme un vrai connaisseur,
Ton avis sur ce livre... Excusez, chère sœur,
Tiens.
M. GERMAIN.
  Ah ! ah ! Cicéron ?
M. MARCEL.
Oui, ses lettres.
M. GERMAIN.
Bon livre !
MADAME GERMAIN, à part.
Ce retour est heureux ; voyons ce qui va suivre.
M. MARCEL.
Eh bien ?
M. GERMAIN.
  Ah ! mon ami, la belle édition !
M. MARCEL.
N'est-ce pas ?

M. GERMAIN.
Oui vraiment; d'une correction!
M. MARCEL.
Un Elzévir.
M. GERMAIN.
Tout pur.
M. MARCEL.
Rare!
M. GERMAIN.
Peut-être unique :
Où l'as-tu donc trouvé, dis?
M. MARCEL.
Dans cette boutique
Nouvelle, près du port, et d'où l'on voit la mer.
M. GERMAIN.
Ah! bon! je sais.
M. MARCEL.
Eh bien! j'étais allé, mon cher,
Me promener, errer, en un mot me distraire;
J'entre, je vois ce livre...
M. GERMAIN.
A merveille, mon frère!
Ma foi, l'occasion était bonne à saisir;
Je t'en fais compliment.
M. MARCEL.
Tu me fais grand plaisir!
M. GERMAIN.
Mais tu ne me dis pas ce que ce livre coûte?
M. MARCEL.
Oh! non, c'est mon secret.
M. GERMAIN.
Pourquoi donc?
M. MARCEL.
Frère, écoute
C'est un petit cadeau que je veux faire.
M. GERMAIN.
A qui?
M. MARCEL.
Tu ne devines pas? à mon meilleur ami.

M. GERMAIN.
Comment?

MADAME GERMAIN.
Eh! c'est à vous que le cadeau s'adresse.

M. GERMAIN.
A moi?

M. MARCEL, *imitant l'accent de son frère.*
« Je voudrais bien (nous disais-tu sans cesse
« Un petit Cicéron, qu'on pût lire en chemin,
« Et mettre dans sa poche. » Aussi vois-tu, Germain,
Depuis un mois je rôde, et je cherche en cachette;
Je le rencontre, enfin, ce livre, je l'achète,
Et je te l'offre.

M. GERMAIN.
O Dieu! que voilà bien Marcel,
Et ses attentions, et son bon naturel!

M. MARCEL.
Vante ce trait bien fort! ma largesse est extrême!

M. GERMAIN.
Ah! Marcel! ce n'est pas le présent en lui-même,
C'est l'aimable abandon, la grâce que tu mets...

M. MARCEL.
Eh! finis donc...

M. GERMAIN.
Dis-moi, femme, vis-tu jamais
Un cœur comme le sien?

MADAME GERMAIN.
Mais je connais le vôtre;
Vous êtes tous les deux bien dignes l'un de l'autre.

M. MARCEL.
Bonne sœur!

M. GERMAIN.
Charmant livre! Oh! comme nous lirons!

M. MARCEL.
Tout en nous promenant! Tiens, frère, parcourons.

MADAME GERMAIN.
Oui, oui, messieurs, songeons chacun à notre ouvrage;
Lisez Cicéron; moi, je vais à mon ménage.

M. GERMAIN.
Bien, femme.
M. MARCEL
Au revoir, sœur.
MADAME GERMAIN, à part.
Fort bien ; vous oubliez
Par bonheur, chers amis, que vous étiez brouillés :
De vous le rappeler, moi, je n'ai point envie.
(Elle sort.)

SCÈNE VII

LES DEUX FRÈRES.

M. GERMAIN.
Quelle femme, Marcel !
M. MARCEL.
Quelle sœur ! quelle amie !
M. GERMAIN, qui tient le livre.
Mais lisons donc un peu de notre Cicéron.
M. MARCEL.
Ah ! volontiers, Germain ; voilà du beau, du bon.
M. GERMAIN.
Marcel ! cet orateur qu'on admirait dans Rome,
Moi, je l'admire aussi ; mais j'aime mieux voir l'homme.
M. MARCEL.
Oui, le cœur parle là plus encor que l'esprit.
M. GERMAIN.
Tiens, voilà justement la lettre qu'il écrit
A son frère Quintus.
M. MARCEL.
La meilleure, je gage.
M. GERMAIN.
« *Mi frater! mi frater! mi frater !....* » Doux langage
M. MARCEL.
Quel exorde ! Trois fois, mon frère !
M. GERMAIN.
C'est charmant ;

Mais peut-on répéter ce mot-là trop souvent?
Mon frère!
                    M. MARCEL
            Mon cher frère!
                    (Ils s'embrassent.)
                        Ah! ce livre m'enchante;
Nous sommes bien tombés: la lettre est si touchante!
                    M. GERMAIN.
Ils avaient eu tous deux quelques débats, je voi...
Cicéron était vif, il était comme moi.
                    M. MARCEL.
Eh bien! de son humeur est-on toujours le maître?
Puis le frère Quintus... que sais-je?... était peut-être
Obstiné comme moi.
                    M. GERMAIN.
                Bon! s'ils étaient brouillés,
Je vois que les voilà bien reconciliés.
                    M. MARCEL.
On ne se brouille pas longtemps avec son frère.
                    M. GERMAIN.
Oh! non: on a parfois un moment de colère...
                    M. MARCEL.
D'humeur; mais on s'en aime encore mieux après.
                    M. GERMAIN.
Je sens tout ce qu'il dit.
        M. MARCEL, lisant par-dessus son épaule.
                Moi, je me reconnais.
    (Il lit.)
« Je n'ai reçu de toi que choses agréables,
« Que consolations, que procédés aimables;
« Et tu ne tiens de moi, j'en dois faire l'aveu,
« Que peines, que chagrins, que tourments... »
                    M. GERMAIN.
                        Ah! bon Dieu!
Que dis-tu là!
                    M. MARCEL.
            Je lis.
                    M. GERMAIN.
                Cicéron a pu dire?...

M. MARCEL.
Oui, mot pour mot, tiens...
M. GERMAIN.
Non, je ne veux point relire.
Entre frères, Marcel, tout n'est-il pas commun,
Et peines et plaisirs? Deux frères ne font qu'un.
M. MARCEL.
J'entends bien; mais...
M. GERMAIN.
Eh! non; pour être trop sensible,
Ce pauvre Cicéron en était susceptible.
M. MARCEL.
Je le suis donc aussi?
M. GERMAIN.
Point du tout.
M. MARCEL.
Mais enfin...
M. GERMAIN.
Ah! tu cherches encore à disputer, taquin?
Mais moi, je ne veux pas. Ce serait bien dommage.
Allons lire au jardin.
M. MARCEL.
Oui, sous ce bel ombrage;
Et nous nous assiérons, mon frère, sur le banc
Que ma sœur a nommé *le raccommodement*.
M. GERMAIN.
Ah! oui, mon cher Marcel, c'est là qu'il faut nous met-
Digne place pour lire une aussi bonne lettre! [tre:
M. MARCEL.
Allons...

SCÈNE VIII

Les Précédents, SUZETTE.

M. GERMAIN.
C'est toi, Suzette!
SUZETTE.
Oui, mon oncle, je vien...

M. MARCEL.
Et nous nous en allons.
SUZETTE.
Quoi! sans me dire rien?
M. GERMAIN.
Nous allons au jardin.
M. MARCEL.
Adieu.
(Ils sortent en lui souriant.)

SCÈNE IX

SUZETTE.

La chose est claire;
Ce n'est point au jardin qu'ils vont, c'est chez Hilaire,
Pour ce beau mariage... A qui donc se fier?
Ma tante même aussi veut me sacrifier!
L'oncle Germain consent, mon tuteur m'abandonne:
Dans la famille, enfin, pour moi je n'ai personne;
Ils me trahissent tous, tous jusqu'à mon cousin.
L'ingrat! dans ce moment il est chez le voisin,
Ou plutôt chez Hortense. Il lui dit, lui répète
Qu'il l'aime, qu'il l'adore...

SCÈNE X

SUZETTE, CHARLES.

CHARLES.
Ah! ma chère Suzette!...
SUZETTE.
Monsieur, je vous salue.
CHARLES.
Ah! ciel! eh quoi! monsieur!...
Je vous salue!
SUZETTTE.
Eh! oui.

CHARLES.
Pourquoi cette froideur?
Qu'avez-vous contre moi, mon aimable cousine?
SUZETTE.
Rien, vous venez de voir la charmante voisine?
CHARLES.
La charmante?
SUZETTE.
Oui, monsieur; me nîrez-vous le fait?
CHARLES.
Pouquoi donc le nîrais-je? oui, je viens en effet...
SUZETTE.
De faire votre cour à la sublime Hortense?
CHARLES.
Mon père l'ordonnait.
SUZETTE.
Oh! sans doute. Je pense
Que vous vous êtes vite empressé...
CHARLES.
Pouvez-vous?...
SUZETTE.
Ne prenez pas ceci pour un dépit jaloux.
Moi, jalouse? Eh! pour nous tout s'arrange, au contrai-[re:
Vous épousez la sœur, et j'épouse le frère.
CHARLES.
Le frère!...
SUZETTE.
Eh! oui, le frère, un excellent sujet,
Fort aimable, dit-on; c'est un charmant projet
De ma tante; mon oncle approuve cette idée;
Mon tuteur y consent; la chose est décidée.
CHARLES.
Je ne comprends pas, moi...
SUZETTE.
Les deux noces, mon cher,
Par là pourront se faire en même temps, c'est clair;
Cela sera charmant, et plus économique.
L'économie! oh! oui; mon beau-père s'en pique.

CHARLES.
Mais encore une fois...
SUZETTE.
J'avoûrai, cependant,
Qu'il est dans cette affaire un fâcheux incident:
C'est que monsieur Maurice, oui, l'époux qu'on me don-
N'est pas en ce moment ici, mais à Péronne, [ne:
Comme vous le savez; c'est dommage: il est vrai
Qu'on doit le rappeler; mais enfin ce délai
Va retarder encor de quinze jours, je pense,
Votre union avec mademoiselle Hortense.
Que voulez-vous, monsieur, il faut se résigner.
Mais le parti pour moi n'est pas à dédaigner...
CHARLES.
Suzette est, je le sais, vive, aimable, charmante,
Et sa plaisanterie est tout à fait piquante;
Mais je meurs, si j'entends un mot de tout ceci!...
SUZETTE.
Quoi! vous n'entendez pas qu'en même temps ici
Vous épousez Hortense, et j'épouse Maurice?
CHARLES.
J'ignore d'où vous vient un si nouveau caprice,
Et si vous épousez le frère: mais jamais
Je n'épouserai, moi, la sœur, je vous promets.
Je l'ai vue, il est vrai; mais de feindre incapable,
Je n'avais, grâce au ciel, point promis d'être aimable;
Aussi, j'en réponds bien, je ne l'ai point été.
SUZETTE.
Oh! oui, croyez cela.
CHARLES.
Je dis la vérité!
SUZETTE.
Je voudrais bien vous croire, en mon chagrin extrême...
CHARLES.
Suzette, tu le sais: c'est toi seule que j'aime.
SUZETTE.
Ah! Charles!... cependant on veut nous séparer...
CHARLES.
Eh! quel est ce malheur qu'on me laisse ignorer?

SUZETTE.
Imagine-toi donc, cher cousin, que ma tante
Vient tout à l'heure... Ah! Dieu! voici la gouvernante.

SCÈNE XI

Les Précédents, NICOLE.

NICOLE.
Venez donc, mes enfants, madame vous attend.
CHARLES.
Pourquoi?
NICOLE.
Venez toujours.
CHARLES.
Eh! mais...
NICOLE.
Dans un instant
Vous serez bien contents tous deux, sur ma parole.
CHARLES.
Tu ne veux pas nous dire?...
SUZETTE.
Ah! ma bonne Nicole,
Je t'en conjure!
NICOLE.
Allez, vous le verrez bientôt.
CHARLES, à Suzette.
Je sais... Viens.
(Ils sortent en courant et en se tenant par le bras.)

SCÈNE XII

NICOLE.

Nous savons nous taire quand il faut.
Ce cher monsieur Marcel, comme il sera bien aise!
Il est temps, car je sens que le secret me pèse;
Les voici, sauvons-nous de peur des questions.
(Elle sort.)

SCÈNE XIII

LES DEUX FRÈRES.

M. GERMAIN.
Ah! voilà donc encor tes obstinations!
M. MARCEL.
Et tes emportements!
M. GERMAIN.
Comment! tu viens m. dire,
Qu'ici *desidero* se rend par je désire;
C'est je regrette.
M. MARCEL.
Oui, mais, c'est je désire aussi,
L'un et l'autre, en un mot.
M. GERMAIN.
Non, il faut lire ainsi:
(Avec tendresse.)
« Oui, mon frère, c'est toi, toi seul que je regrette. »
M. MARCEL, de même.
« Toi seul que je désire. »
M. GERMAIN.
Oh! le bel interprète!
M. MARCEL.
Tout aussi bon que toi.
M. GERMAIN.
Mais c'est tout simple enfin;
Vingt-cinq ans de commerce ont rouillé ton latin;
A lire mes auteurs chaque jour je m'exerce.
M. MARCEL.
Il va me reprocher à présent mon commerce!
M. GERMAIN.
Eh! non; mais c'est qu'ainsi l'on n'a jamais traduit.
M. MARCEL.
On l'a traduit toujours.

SCÈNE XIV

Les Précédents, MADAME GERMAIN, CHARLES, SUZETTE.

MADAME GERMAIN.

Ah! voilà bien du bruit!
Messieurs, je vous demande un moment d'audience.

M. GERMAIN.

Qu'est-ce donc?

M. MARCEL.

Des bouquets!

MADAME GERMAIN.

Mais c'est le cas, je pense:
N'est-ce pas aujourd'hui le vingt-quatre de mai?

M. MARCEL.

Ah! mon jour de naissance!

M. GERMAIN.

O ciel! est-il bien vrai?
Le vingt-quatre!... En effet! et c'est moi qui l'oublie!
A quoi pensé-je donc?

MADAME GERMAIN.

Pardon, je vous supplie;
Écoutez ces enfants.

M. MARCEL.

Ah! oui, de tout mon cœur.

MADAME GERMAIN.

Asseyez-vous d'abord à la place d'honneur.
Vous êtes le héros, le dieu de notre fête.

CHARLES et SUZETTE.

Oh! oui.

M. GERMAIN.

Dès qu'une fois ma femme est à la tête,
Tout ira bien.

M. MARCEL.

André! Nicole! bonnes gens!

M. GERMAIN.

Ils sont de la famille.

MADAME GERMAIN.
Allons, mes chers enfants,
Donnons tous nos bouquets.
(On donne les bouquets.)
A présent ma Suzette,
Chante-nous la chanson.
SUZETTE.
C'est Charles qui l'a faite.
M. MARCEL.
Mon neveu, grand merci!
(Essuyant une larme.)
Ce moment est bien doux,
Mon frère!...
M. GERMAIN, lui serrant la main.
Mon cher frère!...
MADAME GERMAIN.
Enfin, écoutez-vous?
(Suzette est prête à chanter quand M. Hilaire entre.)

SCÈNE XV

Les Précédents, M. HILAIRE.

M. HILAIRE, de loin.
Qu'est-ce qu'on fait?... Ah! ah! je dérange, peut-être
M. MARCEL, à part.
Assurément.
M. GERMAIN.
Qui? vous? c'est bien mal nous connaître;
Nous fêtons notre frère, et comme bons parents...
M. HILAIRE, à M. Marcel.
Monsieur ne doute pas de la part que je prends
Au plaisir...
M. MARCEL, assez froidement.
Ah! monsieur vous êtes trop honnête.
CHARLES, bas à Suzette.
Qu'il vient mal à propos!
SUZETTE, bas à Charles.
Il va gâter la fête.

M. GERMAIN.
Votre présence ici ne peut que redoubler
Notre joie.
M. HILAIRE.
Ah! monsieur! je crains de la troubler.
MADAME GERMAIN, à Suzette.
Allons, Suzette, à toi.
M. HILAIRE.
Si ma femme et ma fille
Avaient pu soupçonner ce bouquet de famille,
Vous jugez, cher voisin, de leur empressement...
M. GERMAIN.
Eh! c'est en impromptu: je l'ignorais vraiment;
C'est madame Germain...
M. HILAIRE.
On reconnaît madame,
MADAME GERMAIN, montrant Suzette.
Ah! messieurs, permettez...
M. HILAIRE, avec affectation à madame Germain.
Mais à propos, ma femme
Est fort de votre avis, madame.
M. GERMAIN.
A quel sujet?
MADAME GERMAIN, à part.
O ciel!...
M. HILAIRE.
Mais à propos de ce charmant projet...
M. GERMAIN.
Ah! bon!... mais à demain les choses sérieuses.
M. HILAIRE.
Ah! tout ceci n'aura que des suites heureuses.
D'abord, je l'avoûrai, j'étais d'un autre avis,
Mettant trop d'importance à l'amour de mon fils.
M. GERMAIN.
N'importe, mon voisin, remettons cette affaire.
M. HILAIRE.
Pourquoi? voilà déjà trop longtemps qu'on diffère;
Je le vois à présent, cette inclination
Ne saurait empêcher notre double union...

ACTE II, SCÈNE XV

M. MARCEL.

Double union! de qui?

M. GERMAIN.

Rien, rien.

M. MARCEL.

Si fait, je pense;
Je vous entends parler d'une double alliance.

M. HILAIRE.

Il est bien vrai, monsieur; c'est qu'il s'agit...

M. MARCEL.

De quoi?
Quel est donc ce mystère?

M. GERMAIN.

Un mystère?

M. MARCEL.

Oui, pour moi;
Car enfin vous parlez d'un projet que j'ignore.

MADAME GERMAIN, à part.

O ciel! et je n'ai pu le prévenir encore!

M. GERMAIN.

C'est que je n'ai pas eu le temps... mon cher Marcel,
De te communiquer un dessein...

M. MARCEL.

Et lequel?

M. GERMAIN.

Mais c'était...

M. HILAIRE, vivement.

Oui, de faire une seule famille,
D'unir en même temps et Charle avec ma fille,
Et Maurice, mon fils, avec Suzette.

M. MARCEL, laissant tomber ses bouquets, et de sang-froid.

Ah! bon!
Voilà le plan formé.

M. GERMAIN.

Formé, pas encor, non;
C'est, comme je disais, un conseil de ma femme;
Mais une simple idée...

M. MARCEL.

Ah! fort bien! c'est madame

Qui vous a, dites-vous, donné ce beau conseil?...
Eh quoi! ma belle-sœur me joue un tour pareil?

MADAME GERMAIN.

Mon frère, permettez... qu'ici je vous explique...

M. MARCEL.

Des explications! Eh! la seule réplique,
C'est de nier le fait.

MADAME GERMAIN, à demi-voix.
De grâce, écoutez-moi.

M. MARCEL.

Désavouez ce plan, s'il est faux.

M. HILAIRE,
Eh! pourquoi
Madame nîrait-elle un dessein raisonnable,
Un double mariage, en un mot, très-sortable!

M. MARCEL, s'échauffant par degrés.

Eh! ce n'est point à vous que je parle, monsieur:
Qu'ai-je à vous dire, moi? J'interroge ma sœur,
Mon frère; mais tous deux ne savent que répondre;
Et leur propre embarras sufiit pour les confondre.
Fort bien! c'est donc ainsi que vous formez des plans,
Et que vous mariez, en frères, nos enfants?

M. GERMAIN.

Mon frère!

M. MARCEL.

C'est ainsi qu'oubliant vos promesses,
Les vœux de notre sœur,

(Montrant Charles et Suzette.)

Et même leurs tendresses,
Sans daigner seulement demander mon avis...
Je ne dis rien pour Charles, au fait, c'est votre fils;
Mais je voudrais savoir de quel droit on dispose
De Suzette.

(A M. Hilaire.)

Monsieur ignore, je suppose,
Que de la marier moi seul j'ai le pouvoir.

M. HILAIRE.

Ah! monsieur!... j'ignorais...

M. MARCEL.
                    Vous deviez le savoir.
Mais mon frère savait, madame aussi, j'espère,
Que je suis son tuteur, et lui tiens lieu de père ;
Et que...
                M. GERMAIN.
        Mon cher Marcel...
            MADAME GERMAIN.
                    De grâce, écoutez-nous.
        M. MARCEL, à madame Germain.
Vous osez me parler, me regarder ; qui, vous ?
Madame, vous ! après une action si noire ?
De votre part jamais je n'aurais pu le croire...
Et quel moment encor, tous deux, vous choisissez !
Le jour de ma naissance ! Ainsi, vous m'embrassez !
Et c'est pour me tromper !
            MADAME GERMAIN.
                    Oh ! Dieu, je vous proteste...
                M. GERMAIN.
Je n'ai point eu dessein...
                M. MARCEL.
                    J'ai passé tout le reste ;
J'ai pu l'attribuer à la vivacité,
Au premier mouvement d'un esprit emporté ;
Mais des complots tramés avec tant de malice,
Et par un frère, un plan dont madame est complice !...
Je vous quitte à jamais...
                M. GERMAIN.
                Cher Marcel ! je te dis...
                M. MARCEL,
Oui, pour jamais, je pars, je retourne à Cadix.
            MADAME GERMAIN.
Ah ! mon frère !
                M. MARCEL.
                Et j'emène avec moi ma pupille :
Car j'ai de bons amis ; j'en ai dans cette ville,
Que j'avais refusés, pour demeurer chez toi,
Ingrat !

M. GERMAIN.
Mon cher Marcel!
M. MARCEL.
Ils vont tous près de moi.
Accourir, s'empresser de m'offrir leurs services;
Plus que moi-même ils vont trouver mille délices.
Dans l'hospitalité dont ils sentent le prix;
Et je n'essuirai point leur haine, leur mépris;
Ils ne me blesseront jamais au fond de l'âme!
M. GERMAIN.
Mon cher Marcel!...
M. MARCEL.
Adieu, monsieur; adieu, madame...
Suis-moi, Suzette.
CHARLES, à part.
O ciel!
M. GERMAIN, à son frère
Tu pars?
M. MARCEL.
Oui, je m'en vais.
MADAME GERMAIN.
O mon cher frère! un mot...
M. MARCEL.
Rien; adieu pour jamais.
(Il sort, Suzette le suit.)
SUZETTE, bas.
O Charles!

SCÈNE XVI

Les Précédents, excepté M. MARCEL et SUZETTE.

M. GERMAIN.
Est-il possible? il part! eh quoi! si vite?...
M. HILAIRE, à part.
Je l'avais bien prévu.
MADAME GERMAIN, à part.
Malheureuse visite!

O ciel! et je n'ai pu tantôt le prévenir!...
M. HILAIRE.
Ce départ est terrible, il faut en convenir.
M. GERMAIN.
Qui l'aurait pu prévoir, au milieu d'une fête?...
M. HILAIRE.
Hélas! oui; mais avec une pareille tête
Peut-on compter sur rien?
M. GERMAIN.
Oui, d'abord se piquer,
Et partir sans m'entendre!
M. HILAIRE.
On pouvait s'expliquer.
MADAME GERMAIN.
Pauvre frère! il a cru qu'on lui tendait un piége.
M. GERMAIN.
Un piége!
M. HILAIRE.
En quoi, madame? Oui, quel mal lui faisais-je,
En mariant mon fils, qui doit avoir du bien,
Avec une orpheline, après tout, qui n'a rien?
On lui faisait grand tort, ainsi qu'à sa pupille!
Ce cher monsieur Marcel, il est fort difficile!
Je vous quitte à regret.
M. GERMAIN.
Déjà, mon cher?
M. HILAIRE.
Il faut.
Que je sorte un moment; mais je reviens bientôt.
Germain, comptez toujours sur mes soins, sur mon zèle:
Le véritable frère; ah! c'est l'ami fidèle.
(Il sort en cachant à peine sa joie.)

SCÈNE XVII

M. et MADAME GERMAIN, CHARLES.

M. GERMAIN.
Il me reste un ami: je n'ai pas tout perdu.

MADAME GERMAIN.
Mais le meilleur de tous!.. il vous sera rendu.
M. GERMAIN.
Qui, le meilleur?
CHARLES.
Ah! oui, mon père.
M. GERMAIN.
Tais-toi, Charle.
MADAME GERMAIN.
Ah! Marcel...
M. GERMAIN.
Que de lui jamais on ne me parle.
(Il sort.)

SCÈNE XVIII

MADAME GERMAIN, CHARLES.

CHARLES.
O ma mère!
MADAME GERMAIN.
Ah! mon fils!... Mais tout se calmera;
Ton père est bon; un rien, un mot l'adoucira;
Puis ton oncle bientôt reviendra de lui-même.
CHARLES.
Plût au ciel! il emmène avec lui ce que j'aime.
MADAME GERMAIN.
Espérons, mon ami; mais suis ton père, vas.
(Charles sort.)

SCÈNE XIX

MADAME GERMAIN.

Je lui donne un espoir qu'en secret je n'ai pas.
Cette querelle est forte; et loin que je le blâme,
Marcel avec raison m'accuse au fond de l'âme.
Seule j'ai tort; et moi, qui toujours m'occupais
Du soin de les calmer, de les tenir en paix,
Aujourd'hui je les brouille!...Ah! malheureuse ruse!

Mais au plus vite il faut que je le désabuse.
Ce cher frère, il est juste ; et j'ai lieu d'espérer...
Oui, si j'ai fait le mal, je vais le réparer ;
Il ne sera pas dit que ce méchant Hilaire
Profite d'un oubli, d'un instant de colère.

ACTE TROISIÈME

SCÈNE I

NICOLE, ANDRÉ.

NICOLE, à André qui rentre.

Ah ! bon André, c'est vous ?

ANDRÉ.

Oui, Nicole ; et peut-être
Pour la dernière fois. A l'insu de mon maître,
Je m'échappe un moment pour vous parler, vous voir,
Me consoler un peu ; je suis au désespoir.

NICOLE.

Et moi donc ! Ah ! mon Dieu, quelle scène terrible
Que celle d'hier soir ! Quelle dispute horrible !

ANDRÉ.

Et quelle nuit, ma chère !

NICOLE.

Ah ! oui, mon pauvre ami.
Je sais bien que chez nous personne n'a dormi.
Monsieur ne nous dit rien, madame se désole ;
Charles soupire ; et moi, vous voyez...

ANDRÉ.

Ah ! Nicole,
C'est de même chez nous ; oui, mon maître est outré.
Cette pauvre Suzette, ah ! comme elle a pleuré !
Enfin nous avons tous passé la nuit entière
A faire nos paquets.

NICOLE.
Comment donc?
ANDRÉ.
Oui, ma chère·
Nous partons pour Cadix.
NICOLE.
Vous partez?
ANDRÉ.
Hélas! oui :
Sur le vaisseau qui met à la voile aujourd'hui.
NICOLE.
Est-il possible?
ANDRÉ.
Et moi qui comptais si bien vivre
Ici tranquille, heureux, il faut partir, et suivre
Un maître... bon, oui, mais... quand on n'a que pour soi;
Avec ses mille écus...
NICOLE.
Hélas! oui, je conçoi...
ANDRÉ.
Nous allons demeurer en maison étrangère,
Vivre aux dépens d'autrui.
NICOLE.
Sans doute; il quitte un frère
Et riche et généreux.
ANDRÉ.
Pour moi plein de bonté.
Je ne manquais de rien, bien nourri, bien traité.
NICOLE.
Pauvre André! que l'on est malheureux de dépendre!..
ANDRÉ.
Ah! vous, Nicole, au moins! vous...
NICOLE.
Paix! je crois entendre.
C'est monsieur.
ANDRÉ.
Contre moi s'il allait se fâcher?

NICOLE.
Non, de vous voir, plutôt, pourrait bien le toucher.
Demeurez.
ANDRÉ.
Croyez-vous? Je crains qu'il ne s'emporte.

SCÈNE II

Les Précédents, M. GERMAIN.

M. GERMAIN.
Ah! c'est vous!...
ANDRÉ.
Oui, monsieur, je venais...
M. GERMAIN.
Il n'importe.
NICOLE.
Oui, mon cher maître, André venait... il me parlait.
M. GERMAIN.
Soit, il suffit.
ANDRÉ.
Monsieur, pardonnez, s'il vous plaît.
M. GERMAIN.
C'es fort bien.
ANDRÉ, à part.
S'il pouvait me faire une demande?
(Haut à Nicole.)
Permettez; à mon poste il faut que je me rende.
NICOLE.
Quoi! vous vous en allez déjà?
ANDRÉ.
Mais oui, je vais,
Comme je vous ai dit, achever nos paquets.
(Il appuie sur ce dernier mot.)
M. GERMAIN, vivement.
Vos?...
(Il se reprend.)
Allez donc, André.

ANDRÉ.

Pardon, mais je suppose...
Qu'ici monsieur voulait me dire quelque chose.

M. GERMAIN.

Non, rien.

ANDRÉ.

Monsieur n'a point d'ordres à me donner?

M. GERMAIN.

Aucun.

ANDRÉ.

En ce cas-là, je vais m'en retourner...
Adieu, chère Nicole, et pour longtemps, peut-être.

(Ici M. Germain fait encore un mouvement involontaire.)

NICOLE.

Adieu, mon pauvre André! J'espère... Votre maître...

ANDRÉ.

Moi, je n'espère plus; tout est dit...

NICOLE.

Que sait-on?

ANDRÉ.

Ah! Nicole!

(A part.)

Voyez, pas une question!

(Il sort en poussant un gros soupir.)

SCÈNE III.

M. GERMAIN, NICOLE.

NICOLE.

Vous ne lui dites pas une seule parole?...
Si vous saviez, monsieur, ce qu'il m'a dit...

M. GERMAIN.

Nicole,
je ne veux rien savoir.

NICOLE.

Son maître part.

M. GERMAIN.

Comment!
Mais, n'importe!

NICOLE.

Oui, monsieur, il part réellement.

M. GERMAIN.

Soit.

NICOLE.

Et dès ce soir.

M. GERMAIN.

Paix!

NICOLE.

Pour Cadix.

M. GERMAIN.

Paix! vous dis-je.
Malheureux!

NICOLE, à part.

Ce départ, au fond du cœur, l'afflige.
(Haut.)
Cette pauvre Suzette, elle est au désespoir,
Et pleure...

M. GERMAIN.

Encore un coup, je ne veux rien savoir.

NICOLE.

Vous savez tout, monsieur.

M. GERMAIN.

Sortez donc, babillarde;
Et qu'on me laisse seul.

NICOLE.

Hélas! Dieu vous en garde!
(Elle sort.)

SCÈNE IV

M. GERMAIN.

C'en est donc fait, il part, il nous quitte à jamais!
Mon frère m'abandonne! un frère que j'aimais!
Hélas! je l'aime encore. Oui malgré ma colère,

Je ne puis le haïr; on ne hait point son frère.
Pauvre Marcel!... Au fond j'ai tort; j'ai toujours tort,
Quoi! sans avoir daigné le prévenir d'abord,
Marier nos enfants et surtout sa pupille!
Puis je me fâche encore; un rien m'émeut la bile;
Mon humeur va souvent jusqu'à la cruauté;
Aussi mon frère part!... je l'ai bien mérité.

SCÈNE V

M. et MADAME GERMAIN.

M. GERMAIN.
Eh bien! tu sais, sans doute; il part, ma chère femme!
MADAME GERMAIN.
Oui, je l'apprends.
M. GERMAIN.
L'ingrat!
MADAME GERMAIN.
Mon cher, au fond de l'âme,
Je le plains; car enfin, soyons de bonne foi,
Pouvons-nous le blâmer?
M. GERMAIN.
Et tu me blâmes, moi?
MADAME GERMAIN.
Je ne dis pas cela; si quelqu'un est blâmable,
En tout ceci, c'est moi; seule je suis coupable;
C'est moi qui vous donnai ce conseil imprudent;
Mon motif était pur, il est vrai; cependant
Mon frère, avec raison, et se plaint et m'accuse:
Et je sens envers lui que je suis sans excuse.
M. GERMAIN.
Justifiez-le bien!... Et quand même, aujourd'hui,
Nous aurions quelques torts, n'en a-t-il jamais, lui?
N'avons-nous jamais eu de reproche à lui faire,
Lui qui sans cesse attaque et tourmente son frère?
Nous lui pardonnons tout; il ne nous passe rien!
MADAME GERMAIN.
Allons, mon cher Germain

M. GERMAIN.
     Il veut partir; eh bien!
Qu'il parte, qu'il s'en aille? à mon tour je l'oublie
Pour toujours; c'en est fait...
  MADAME GERMAIN.
     Ah! je vous en supplie!
  M. GERMAIN.
Qu'a-t-il dit en partant? Je vous quitte à jamais!
Oui, je jure!...
  MADAME GERMAIN.
  Ah! de grâce...
  M. GERMAIN.
    Où donc est Charle?
  MADAME GERMAIN.
        Eh! mais
Il est sorti, je crois.
  M. GERMAIN.
   Pour aller où?
  MADAME GERMAIN.
       Je pense
Qu'il allait...
  M. GERMAIN.
    Chez mon frère? Il aurait l'insolence?...
Sans ma permission mon fils aurait?
  MADAME GERMAIN.
       O ciel!
  M. GERMAIN.
C'est son oncle, après tout, rien n'est plus naturel.
  MADAME GERMAIN.
C'est ce que j'ai pensé, je l'avoue.
  M. GERMAIN.
      Oui, ma femme,
C'est un devoir pour lui.
  MADAME GERMAIN.
     Notre fils a de l'âme;
Il sait concilier tous les devoirs.
  M. GERMAIN.
      Oh! oui;
En cette occasion je suis content de lui.

MADAME GERMAIN.
Va, je te connais mieux que tu ne fais toi-même ;
Ce frère, toujours cher, qui te fuit et qui t'aime,
Te fait souffrir un mal qu'à son tour il ressent ;
Présent tu le grondais, tu le pleures absent.

M. GERMAIN.
Ma femme, à son départ, oui, je suis trop sensible.
Marcel est heureux, lui ; son cœur est inflexible.

MADAME GERMAIN.
Oh ! pouvez-vous le croire ?

M. GERMAIN.
    Ah ! je crois...

MADAME GERMAIN.
        Vous sortez ?

M. GERMAIN.
Je vais... ne me suis point.

MADAME GERMAIN.
     Mon ami, permettez.

M. GERMAIN.
Laisse-moi ; j'ai besoin d'un peu de solitude.

MADAME GERMAIN.
J'obéis.
       (M. Germain sort.)

SCÈNE VI

MADAME GERMAIN.

  Je le puis, sans nulle inquiétude,
Laisser avec lui-même, et son bon naturel
Parlera mieux que nous en faveur de Marcel.
Quels chagrins, quels remords tous deux ils se prépa-[rent !
Quoi ? deux frères si bons à jamais se séparent !
Ce cher Marcel !... Eh quoi ! refuser de me voir !...
Et mes lettres aussi, ne pas les recevoir !
J'en ai remis à Charle encore une troisième ;
Espérons ; Charle est doux, et son bon oncle l'aime.

SCÈNE VII

MADAME GERMAIN, SUZETTE.

SUZETTE.
Ma chère tante !
MADAME GERMAIN.
Eh bien ! quoi ? les larmes aux yeux !
SUZETTE.
Je viens vous faire à tous mes adieux.
MADAME GERMAIN.
Tes adieux !
SUZETTE.
Hélas, oui ! nous partons, ma tante.
MADAME GERMAIN.
Est-il possible ?
Quoi ! tout de bon ? Ainsi ton oncle est inflexible ?
Ainsi des bras d'un frère il pourra s'arracher ?
SUZETTE.
Mes prières, mes pleurs, rien n'a pu le toucher.
C'en en fait : tout est prêt, la place est arrêtée,
Et la dernière malle est enfin emportée.
Mon oncle l'accompagne.
MADAME GERMAIN.
O ciel ! il est donc vrai ?
Nous n'obtiendrons pas même un seul jour de délai ?
SUZETTE.
Non ; nous partons ce soir, dans deux heures.
MADAME GERMAIN.
Suzette,
Tu sais combien je t'aime, et si je te regrette ;
Mais, si ton cher tuteur persiste jusqu'au bout,
S'il part, tu dois partir et le suivre partout.
SUZETTE.
Je le sais bien, ma tante.
MADAME GERMAIN.
Il n'est pas nécessaire
Que je te recommande ici notre bon frère,

Que je te prie, enfin, d'avoir bien soin de lui;
C'est ce que ma Suzette a fait jusqu'aujourd'hui.
SUZETTE.
Oui; mais...
MADAME GERMAIN.
   Par cet espoir je me sens soulagée:
Tu vas de son bonheur être seule chargée:
Redouble, ô mon enfant, d'égards, d'attentions;
Ton oncle aura besoin de consolations:
Tâche de le distraire et de charmer ses peines;
Il en aura, sans doute.
SUZETTE.
    Et moi, j'aurai les miennes.
Comment pourrai-je, moi, seule, le consoler?
MADAME GERMAIN.
Essaie: un jour, de nous si tu peux lui parler,
Peins-lui bien nos regrets, nos vœux, notre tendresse,
De son frère surtout la profonde tristesse.
SUZETTE.
Oui, ma tante.
MADAME GERMAIN.
   A ses yeux tâche de m'excuser...
Tu sais ce qu'il en est; ainsi, pour l'apaiser,
Assure-le qu'il fut trompé par l'apparence.

SCÈNE VIII.

Les Précédents, CHARLES.

MADAME GERMAIN.
Ah! Charle! Eh bien! est-il encor quelque espérance?
CHARLES.
Non, ma mère.
MADAME GERMAIN.
 Ton oncle?
CHARLES,
    Eh! je n'ai pu le voir.
MADAME GERMAIN.
Quoi! mon fils, il n'a pas voulu te recevoir?

CHARLES.
Il était déjà loin.
MADAME GERMAIN, à Charles.
Et tu n'as pu le suivre?
CHARLES.
J'ai couru, mais en vain; je n'y pourrai survivre.
O Dieu! si vous saviez ce qu'en chemin j'apprend!
MADAME GERMAIN.
Quoi donc?
CHARLES.
J'apprends, ma mère, un malheur bien plus [grand!
MADAME GERMAIN.
Et quel est-il?
SUZETTE.
Parlez.
CHARLES.
J'avais perdu la tête,
Et j'errais... je rencontre un ami qui m'arrête:
Il me plaint, et je vois que ce dernier débat
Est su de tout le monde, et fait un grand éclat.
MADAME GERMAIN.
O Dieu!
CHARLES.
Ce n'est pas tout: il ajoute... ô ma mère!
MADAME GERMAIN.
Achève donc, mon fils!
CHARLES.
On accuse mon père;
On lui donne le tort, on lui reproche... ô ciel!
MADAME GERMAIN.
Quoi?
CHARLES.
D'avoir fait sentir à mon oncle Marcel
Qu'il était...
MADAME GERMAIN.
C'est assez; j'ai peur d'en trop entendre:
Et ces bruits outrageants, qui les a pu répandre?
CHARLES.
Je le soupçonne, moi.

SUZETTE.
Je l'ai d'abord pensé.
CHARLES.
A brouiller nos parents il est intéressé.
MADAME GERMAIN.
Hilaire aurait formé des projets si coupables?
SUZETTE.
O ma tante, de tout ces gens-là sont capables!
CHARLES.
En effet. Pour mon père, ah! quel chagrin mortel!
SUZETTE.
Jugez donc de celui de notre oncle Marcel!
CHARLES.
Que mon père l'ignore.
MADAME GERMAIN.
Il faut bien qu'il le sache.
CHARLES.
Comment!
MADAME GERMAIN.
Ce ne sont pas de tels secrets qu'on cache :
Il faut l'en informer; et même je prévoi
Que ce malheur pourra produire un bien.
CHARLES.
Eh quoi!
Ma mère?
MADAME GERMAIN.
Va, mon fils, je sais ce qu'il faut faire;
Et je vais de ce pas... Courage! moi, j'espère.
Fiez-vous à mes soins. Oui, croyez, mes enfants,
Que tôt ou tard les bons triomphent des méchants.
(Elle sort.)

SCÈNE IX

CHARLES, SUZETTE.

SUZETTE.
Plût au ciel!

ACTE III, SCÈNE IX

CHARLES.
Suzette, ah! mon sang bout dans mes veines.
SUZETTE.
Nous avions cependant bien assez de nos peines.
Cher cousin! pour jamais il faut nous séparer.
CHARLES.
Nous séparer! Tu vas, toi, me désespérer!
Ah! ne me parle pas du départ, je t'en prie.
SUZETTE.
C'est mon oncle...
CHARLES.
Ton oncle aurait la barbarie
De t'emmener, Suzette?
SUZETTE.
Hélas! il veut partir.
CHARLES.
Vous ne partirez pas; je n'y puis consentir.
SUZETTE.
Pouvons-nous l'arrêter?
CHARLES.
Tu veux donc que je meure?
SUZETTE.
Mais sans mon oncle ici veux-tu que demeure?
CHARLES.
Je veux... puisque pour nous il a si peu d'égards,
Je ne ménage rien: si vous partez, je pars.
SUZETTE.
Quoi! se peut-il?
CHARLES.
Sans doute; avec vous je m'embarque
Sinon je me saisis d'un esquif, d'une barque;
Car tout me sera bon; oui, je vous poursuivrai,
Fût-ce même à la nage, et je vous atteindrai,
N'en doute pas; l'amour me donnera des ailes.
Cet amour, je le sens, prend des forces nouvelles.
SUZETTE.
Ah! Charle! ah! mon ami! Cette aimable chaleur
Me ravit.

CHARLES.
Elle naît de l'excès du malheur.
Je fus, jusques ici trop faible, trop timide ;
A force d'injustice, on me rend intrépide.

SCÈNE X

Les Précédents, M. HILAIRE.

CHARLES.
Monsieur Hilaire, ici vous venez à propos,
Et je vais vous parler franchement en deux mots.
M. HILAIRE.
Oui ? sur quoi ?
CHARLES.
　　　　　Sans vouloir juger les apparences,
Et sans examiner les vœux, les espérances
Que l'on a pu fonder sur nos fâcheux débats,
Je déclare... et déjà vous ne l'ignorez pas,
Que j'aime ma cousine, et du fond de mon âme,
Et que jamais, jamais je n'aurai d'autre femme.
M. HILAIRE.
Ah !
CHARLES.
　　Mon oncle aujourd'hui peut bien me l'arracher,
De la rejoindre enfin pourra-t-il m'empêcher ?
Vous le savez, l'amour a fait plus d'un miracle ;
Mon père à cet hymen en vain mettrait obstacle ;
S'il m'ôte ce que j'aime, il ne peut, en tout cas,
Me forcer d'épouser ce que je n'aime pas.
Ma franchise à vos yeux ne saurait être un crime.
Mademoiselle Hortense à toute mon estime ;
Je ressens ses bontés ainsi que je le dois ;
Mais on ne peut aimer deux femmes à la fois ;
Cela n'est pas possible ; et, je vous le répète,
Je n'aime et n'aimerai toujours que ma Suzette.
M. HILAIRE.
Comment donc, mon ami, quelle vivacité !
Courage !...

CHARLES.
Vif ou non, j'ai dit la vérité.
M. HILAIRE.
Eh ! mais, mon cher ami, tu m'étonnes ; j'admire
Cette énergie !
CHARLES, montrant Suzette.
Eh bien ! voici ce qui l'inspire.
M. HILAIRE.
Mademoiselle, alors, je vous fais compliment.
SUZETTE.
Oui ! félicitez-moi ! c'est bien là le moment !

SCÈNE XI

Les Précédents, M. et MADAME GERMAIN.

MADAME GERMAIN.
Consolez-vous, de grâce.
M. GERMAIN.
Eh ! le puis-je, madame ?
Puis-je me consoler, quand on me perce l'âme,
Quand on me calomnie, et qu'on m'ose imputer ?...
M. HILAIRE.
Ces injustices-là pourraient vous affecter,   [dre ?
Mon cher voisin ? qui ? vous ? et que pouvez-vous crain-
De tels propos jamais ne sauraient vous atteindre
M. GERMAIN.
Ils m'atteignent pourtant. Moi, j'aurais maltraité,
Chassé ce pauvre frère !
M. HILAIRE.
Oh ! quelle indignité !...
MADAME GERMAIN.
C'en est une, en effet, bien méchante et bien noire,
D'avoir semé ces bruits : mais qui pourrait les croire ?
M. HILAIRE.
Oh ! personne, et tous ceux qui les ont entendus...
M. GERMAIN.
Ces bruits-là, cependant, on les a répandus.

M. HILAIRE, avec malice.
Mais qui, mon cher voisin ?
M. GERMAIN.
Hélas ! moi, je l'ignore.
M. HILAIRE.
Je voudrais, comme vous, moi, l'ignorer encore.
M. GERMAIN.
Vous le connaissez donc ?
M. HILAIRE.
On l'a nommé du moins.
J'en doute encor, malgré de fidèles témoins...
M. GERMAIN.
Mais qui donc ?
M. HILAIRE.
Ah ! mon cher, un tel aveu me coûte.
M. GERMAIN.
Son nom ?
M. HILAIRE.
Cela ne fait de tort qu'à lui, sans doute.
M. GERMAIN.
Soit ; nommez donc.
M. HILAIRE.
Eh bien ! on dit que c'est Marcel
Qui, lui-même, se plaint et vous accuse.
CHARLES et SUZETTE.
O ciel !
M. GERMAIN.
C'est Marcel ! Quoi ! mon frère aurait.
MADAME GERMAIN, avec feu.
C'est impossible ;
On vous fait à tous deux l'affront le plus sensible.
CHARLES.
Ah ! oui.
M. HILAIRE.
C'est bien d'abord ce que j'ai répondu ;
Mais lorsque l'on m'a dit qu'on l'avait entendu,
Je n'ai plus su que dire.

MADAME GERMAIN.
Atroce calomnie.
Contre Marcel lui-même !
SUZETTE.
Oui, certes.
M. GERMAIN.
Qu'il le nie.
M. HILAIRE, à M. Germain.
Vous êtes au-dessus du soupçon par bonheur,
M. GERMAIN.
Ah ! non, quand le soupçon nous blesse dans l'honneur.
M. HILAIRE.
Bien loin d'être touché d'une pareille injure,
Je suis plus empressé que jamais, je vous jure,
De m'allier à vous, malgré tout cet éclat ;
Et je viens de nouveau...
M. GERMAIN.
Bon Dieu ! suis-je en état,
Monsieur, de m'occuper ici de mariage,
Quand je suis accablé d'un si sanglant outrage ?
M. HILAIRE.
Je sens votre douleur, et j'en suis pénétré :
Mais cependant, mon cher, tout haut je le dirai :
La meilleure réponse à ces vains bruits, je pense,
Est de me voir toujours briguer votre alliance.
M. GERMAIN.
Je vous entends, Hilaire, et sens votre amitié...
Mais je suis hors de moi, cher voisin, par pitié...
M. HILAIRE.
Rien ne serait pourtant plus propre à vous distraire.
MADAME GERMAIN.
Eh ! monsieur ! rien peut-il faire oublier un frère ?
M. HILAIRE, avec amertume.
Ah ! madame, pardon ; je suis trop indiscret.
M. GERMAIN.
Eh bien ! voyez ! ma femme encor le défendrait !
Je veux que de ces bruits il ne soit point coupable ;
D'abandonner son frère, au moins, il est capable.

SCÈNE XII

Les Précédents, M. MARCEL.

M. MARCEL, de loin.

Qui ? moi, t'abandonner mon frère ? Oh ! non, j'accours
Et je reviens à toi, j'y reviens pour toujours.

MADAME GERMAIN.

Ciel !

M. GERMAIN.

Est il vrai ?

M. MARCEL.

Germain, je suis d'une colère !
Ce n'est pas contre toi. C'est vous, monsieur Hilaire ?
Parbleu ! je suis charmé de vous trouver ici.

CHARLES et SUZETTE.

Mon cher oncle !

M. HILAIRE.

Monsieur, je suis fort aise aussi...

M. MARCEL.

J'en suis persuadé.

(A son frère.)

Si tu savais la rage,
Où j'étais dans l'instant ! Si tu savais l'outrage...

M. GERMAIN.

Qu'on nous fait à tous deux ? Je sais tout.

M. MARCEL.

Non, ma foi
Tu ne sais pas encor ce qui m'arrive, à moi :
Ecoute, et vois s'il est une noirceur égale !
J'étais au port ; j'avais accompagné ma malle ;
Car, je te l'avoûrai, je voulais m'en aller.

M. GERMAIN.

Quoi ! tu voulais, cruel ?

M. MARCEL.

Eh ! laisse-moi parler.

MADAME GERMAIN.

Pauvre frère !

M. MARCEL, avec douceur.
Paix donc ! Je vois de près un groupe ;
On parlait avec feu ; j'écoute ; un de la troupe
Prononçait nos deux noms ; frère, on parlait de nous,
On contait nos débats ; juge de mon courroux,
Mon cher frère, on osait... quelle imposture affreuse !
T'accuser... toi, dont l'âme est noble et généreuse,
De m'avoir maltraité, fait sentir que je suis...
Je n'articule point ce mot-là, je ne puis.
Et c'était peu d'avoir proféré ce blasphème,
On m'accusait encor de l'avoir dit moi-même.
« Quels sont les malheureux qui tiennent ces propos ?
« (Dis-je, en jurant un peu) Messieurs, rien n'est plus faux ;
« C'est moi qui suis Marcel, et j'ai le meilleur frère...
« Qui ? lui ? me traiter mal, se lasser ?... au contraire,
« Germain est délicat autant que bienfaisant ;
« Plus j'ai besoin de lui, plus il est complaisant. »

M. GERMAIN.
Marcel !

M. MARCEL.
Paix ! « Chaque jour j'en fais nouvelle épreuve ;
« Mais nous avons besoin l'un de l'autre ; et la preuve,
« C'est que de sa maison je reprends le chemin. »
Tout aussitôt j'accours ; et me voici, Germain.

M. GERMAIN.
Ah ! sois le bienvenu !

MADAME GERMAIN.
Vous nous rendez la vie

CHARLES.
Et l'espérance.

SUZETTE.
Ah ! oui.

M. HILAIRE.
Moi, j'ai l'âme ravie
D'un retour si touchant.

M. MARCEL.
Vraiment ? Oui, je le crois.
Aussi vais-je, monsisur, vous prier...

M. HILAIRE.

Et de quoi ?

M. MARCEL.

Oui, si vous connaissiez quelqu'un, monsieur Hilaire
De ceux qui lâchement calomniaient mon frère,
Faites-moi le plaisir de le désabuser.

M. HILAIRE.

Qu'entendez-vous par là ? Pouvez-vous supposer ?...

M. MARCEL.

Je ne suppose rien ; mais, moi, je vous exhorte
De dire à ces gens-là, qu'attaquer de la sorte
Un frère, c'est blesser l'autre frère d'abord ;
Que c'est entre nous deux à la vie, à la mort.

M. GERMAIN.

Ah! oui, mon cher Marcel !

M. MARCEL.

Tenez, monsieur Hilaire,
Je vais vous en donner une preuve plus claire.
Vous savez le sujet de notre démêlé ?
Eh bien ! ce pauvre frère, il est si désolé,
Et du débat lui-même, et surtout des sottises
Que des méchants, monsieur, sur nous se sont permises,
Que si je lui disais, en lui tendant la main :
« Ah ! ne nous brouillons plus, plus jamais, bon Germain ;
« Unissons-nous encor de plus près ; et pour gage,
« Va, de notre maison suivons l'antique usage ;
« N'allons point au dehors nous allier ; enfin,
« Que la jeune orpheline épouse son cousin. »
Je suis sûr que Germain, que cet excellent frère
Loin de me résister, saisirait, au contraire,
La main de ma pupille et celle de son fils,
Et leur dirait bientôt : « Enfants, soyez unis. »

M. GERMAIN.

C'est vrai. Mes chers enfants, votre oncle le désire,
Soyez unis.

CHARLES et SUZETTE

O Dieu !

CHARLES.

Mon père !

MADAME GERMAIN.
Ah ! je respire !
M. MARCEL.
Monsieur Hilaire, eh bien ! l'avais-je mal jugé ?
M. HILAIRE.
Monsieur...
SUZETTE, bas à Charles.
Le cher voisin va prendre son congé.
M. GERMAIN.
Pour vous, monsieur Hilaire, assurez bien madame
Que je regrette fort, dans le fond de mon âme,
De ne pouvoir...
M. HILAIRE.
Fort bien. Ainsi donc, vous romprez
D'anciens engagements que j'avais crus sacrés ?
Vous revenez de loin. Mais, malgré l'apparence,
J'oserai conserver un reste d'espérance.
Tout n'est pas terminé ; d'ici jusqu'au contrat,
Il pourra survenir quelque nouveau débat :
Mon cher voisin... alors... J'attends et me retire.
MADAME GERMAIN, de loin.
Il n'en surviendra plus, j'ose bien le prédire,
Lorsque nul étranger ne viendra désormais
Troubler de ce séjour l'union et la paix.
Malheur, disaient toujours nos respectables pères,
A qui pourrait semer la discorde entre frères !

SCÈNE XIII

M. et MADAME GERMAIN, M. MARCEL, CHARLES, SUZETTE.

M. MARCEL.
Quel trait il nous lançait avant que de partir !
Le traître !
MADAME GERMAIN.
Mes amis, vous le ferez mentir.
M. GERMAIN.
Ah ! oui.

MADAME GERMAIN, à M. Marcel.
Mais il faut, moi, qu'envers vous je m'excuse;
Mon projet de tantôt, ce n'était qu'une ruse
Pour sauver à mon fils un hymen importun;
Et j'en demandais deux pour n'en avoir aucun.
M. MARCEL.
Ah! j'entends, chère sœur! cet aveu me soulage;
Vous trouver un seul tort, c'eût été bien dommage.
M. GERMAIN.
Elle n'en a jamais.
MADAME GERMAIN,
Je ne m'en flatte point;
Mais unir ces enfants, amis, voilà le point.
M. MARCEL.
Oh! oui, leur union fut toujours retardée,
Allons, Germain.
M. GERMAIN, après avoir rêvé.
Mon frère, il me vient une idée:
Si pour faire tomber ces scandaleux propos,
Que sèment les méchants, que recueillent les sots,
Si pour donner, enfin, aux faux rapports d'un traître
Un démenti public, on nous voyait paraître,
Nous tenant par le bras, joyeux et triomphants,
Avec ma chère femme et ces heureux enfants,
Au Mail, où tout Morlaix à présent se promène?
Cela ferait, je crois, une assez bonne scène!
Qu'en dis-tu?
M. MARCEL
Volontiers; mais pourquoi relever
De tels propos?
M. GERMAIN.
Pourquoi, Marcel? pour leur prouver
Que nous sommes d'accord mieux que jamais ensemble.
Allons au Mail.
M. MARCEL.
Mon frère, il vaudrait mieux, ce semble,
Aller tous cinq ailleurs.
M. GERMAIN.
Où donc?

ACTE III, SCÈNE XIII

M. MARCEL.

Eh! mais, Germain,
Chez le notaire.

CHARLES.

Ah! oui.

M. MARCEL.

Dieu sait comme en chemin
Nous serons aperçus! C'est au bout de la ville!
Et cette course-là serait bien plus utile.

MADAME GERMAIN.

En effet.

CHARLES.

Mon père, oui; le notaire plutôt.

M. GERMAIN.

Eh! nous irons demain, monsieur; d'abord, il faut
Aller au Mail.

M. MARCEL.

Il faut aller chez le notaire.

M. GERMAIN.

Non.

SUZETTE, à demi-voix, d'un ton caressant.

Vous allez encor fâcher votre bon frère.

MADAME GERMAIN, souriant.

Cette chère Suzette, elle aime bien la paix!

M. MARCEL.

Tu ne l'aimes pas, toi?

M. GERMAIN.

Cédera-t-il jamais?
Mon idée était bonne.

M. MARCEL.

Et la mienne est meilleure.

M. GERMAIN.

Au Mail!

M. MARCEL.

Chez le notaire!

M. GERMAIN.

Oui, demain.

M. MARCEL.

Tout à l'heure.

MADAME GERMAIN.

Eh bien!... (car avec vous toujours nouveau travail)
Allons chez le notaire, en passant par le Mail.

FIN

100 BONS LIVRES A 10^c

Lecture.

1. ALPHABET PROGRESSIF DE L'INSTRUCTION PRIMAIRE POUR 10 C.
2. CIVILITÉ et Règles du Savoir-vivre, 8e édition.
3. Exemples D'ÉCRITURES : *tous les genres.*

Langue française.

4. Lhomond. *Grammaire française* (excellente édition), suivie du Système métrique, avec figures.
5. Lhomond. Exercices sur les Règles de la Grammaire.
6. Lhomond. *Corrigé des Exercices.* (Livre du Maître.)
7. Lhomond. *Analyse appliquée à la Grammaire.*
8. DEUX MILLE Locutions et Fautes corrigées. *Ne Dites pas,* mais *Dites* (d'après l'Académie) 8e édit.

Religion.

9. Fleury. *Catéchisme* et *Doctrine chrétienne.*
10. Les Bienfaits du Christianisme. 5e édition.
11. Histoires édifiantes (les plus célèbres Missions).

Géographie.

12. GÉOGRAPHIE du Monde (Races, Religions, Divisions des Etats, etc.; l'Ancien Monde et le Nouveau).
13. Le Monde a vol d'oiseau. 6e édition.
14. La France a vol d'oiseau. 5e édition.
15. GÉOGRAPHIE de la FRANCE (avec carte). 7e édit.

Histoire.

16. HISTOIRE SAINTE. 5e édition.
17. HISTOIRE ancienne, avec tableaux chronologiques.
18. — du Moyen-Age. 3e édition.
19. — moderne de l'Europe. 3e édition.
20. — de France jusqu'a nos jours. 8e édit.
21. — universelle (Tablettes chronologiques).

Lectures choisies.

22. LA FONTAINE. *Fables morales*. 5ᵉ édition.
23. FÉNELON, avec 365 MAXIMES s'appliquant aux actions de chaque jour de l'année. 3ᵉ édition.
24. ART ÉPISTOLAIRE (BONS AUTEURS), suivi d'un traité de PONCTUATION. 3ᵉ édition.
25. CENT LECTURES CHOISIES. 7ᵉ édition.
26. CINQUANTE LECTURES POUR LE DIMANCHE (Chateaubriand, Buffon, Racine, Lamartine, etc.).
27. BOILEAU. ART POÉTIQUE et *Poésies diverses*.
28. RACINE. ATHALIE et ESTHER (ces 2 chefs-d'œuvre réunis pour 10 centimes).

Commerce.

29. ARITHMÉTIQUE SIMPLIFIÉE : *toutes les Règles*. 10ᵉ éd.
30. TENUE DE LIVRES (en partie simple et en partie double). 8ᵉ édition.

Lectures choisies.

31. MYTHOLOGIE (revue avec soin). 3ᵉ édition.
32. CENT RÉCITS. BONS EXEMPLES. *Hommes utiles*. 5ᵉ éd.
33. FLORIAN. FABLES CHOISIES (avec notes). 3ᵉ édit.

Connaissances utiles.

34. TRAVAUX A L'AIGUILLE : Couture, — Tricot, — Crochet, — Broderie, — Tapisserie, — Machine à coudre, avec 50 figures, 3ᵉ édition.
35. LA MUSIQUE A LA PORTÉE DE TOUT LE MONDE. 8ᵉ édit.

36. ELÉMENTS D'ALGÈBRE,
37. EXERCICES D'ALGÈBRE,
38. CHIMIE,
39. PHYSIQUE,
40. AGRICULTURE,
41. JARDINAGE,
42. DESSIN LINÉAIRE,

Avec 600 figures

43. DESSIN D'IMITATION,
44. GÉOMÉTRIE,
45. MÉCANIQUE,
46. ARPENTAGE,
47. EXERCICES. ARITHMÉT.
48. EXERCICES GÉOMÉTRIE.

49. Dictionnaire de la Conversation. *Pourquoi et Parce que. De tout un peu.* (Faits curieux.)
50. Le Livre de la Santé (*le Médecin de la Famille.*)

Lectures.   Sciences.

51. Buffon (Choix), | 54. Astronomie,
52. Etudes de la nature, | 55. Géologie,
53. Chateaubriand, | 56. Minéralogie.

Un Livre utile.

57. Contre l'Ivrognerie, l'Abus du Tabac et l'Ignorance. 73ᵉ édition OEuvre COURONNEE.

Histoire naturelle.

58. L'Homme. | 62. Les Insectes.
59. Les Mammifères. | 63. La Botanique.
60. Les Oiseaux. | 64. Instinct des animaux.
61. Les Poissons. | 65. La Création.

L'Agréable et l'Utile.

66. Solfège de Rodolphe, à la portée de tout le monde.)
67. Atlas du Dessinateur en tous genres 120 modèles).
68. La GYMNASTIQUE pour Tous (*Ecole du Soldat, Escrime*), avec 200 figures.

Histoire.

69. Les Croisades (12 Lectures).
70. Histoire de la Marine et des Armées françaises.
71. L'Algérie jusqu'à nos jours (Description, etc.).
72. PARIS Ancien et Nouveau (1878,) avec gravures.

Lectures choisies.

POÉSIE

73. La Gerbe poétique (jusqu'à la fin du XVIIIᵉ siècle).
74. La Corbeille poétique (XIXᵉ siècle). 3ᵉ édition.
75. L'Abeille poétique (les meilleurs Poëtes anciens et modernes). 3ᵉ édition.
76. La Mosaïque (les meilleurs Fabulistes). 6ᵉ édit.

PROSE

77. Ornements de la Mémoire, ⎫
78. Le Trésor littéraire, ⎬ avec nombreuses notes.
79. Le Lépreux de la Cité d'Aoste et la Jeune Sibérienne. 3ᵉ édition.
80. Voyage autour de ma chambre et les Prisonniers du Caucase. 3ᵉ édition.

Théâtre Classique.

CORNEILLE

81. Cid. 82, Horace.	84. Nicomède,	86. Polyeucte,
83. Cinna,	85. Rodogune,	87. Le Menteur

RACINE

Athalie,	89. Andromaque,	91. Iphigénie,
88. Britannicus,	90. Mithridate,	92. Plaideurs,

BONS AUTEURS (Sujets français.)

93. La Touche. Iphigénie,	97. Raynouard. Templiers,
94. La Fosse. Manlius,	98. Chénier. Charles IX,
95. Ducis. Macbeth,	99. Du Belloy. Siége Calais,
96. — Hamlet,	100. Jeanne d'Arc.

TRÈS-RECOMMANDÉS (Nouvelles éditions)

Nº 1. ALPHABET PROGRESSIF.
Nº 64. Nids, Langage, Voyages des Oiseaux,
Nº 57. Ivrognerie-Tabac-Ignorance. 73ᵉ édition.

100 BONS LIVRES   Ad. Rion   10ᶜ

Dans toute la France, chez tous les libraires
Ils sont priés de s'adresser à leurs *Commissionnaires* ou aux maisons :

HACHETTE	ALLOUARD	COSTE	JEANMAIRE
VERNAY	MANGINOT	GOIN	GUÉRIN
SCHULZ	CLAVERIE	GAULON	BROUILLET

Paris. — Imp. de Mᵐᵉ ᵛᵉ Larousse et Cⁱᵉ, r. N.-D.-des-Champs, 49.

LE THÉATRE
à 20 c.
LE VOLUME

CONTENANT

UNE *ou* PLUSIEURS *Pièces*

Les meilleurs Écrivains ;
Les meilleurs Musiciens.

10,000 Pages de Musique :

| Grétry, | Dalayrac, | Gluck, |
| Monsigny, | Mozart, | Piccini, |

etc., etc.,

avec Accompagnement de PIANO

RENSEIGNEMENTS

20 c. — THÉÂTRE — 20 c.

CHEZ TOUS LES LIBRAIRES

UN VOLUME CHAQUE JOUR

En l'année 1878, il sera publié
300 volumes, — 500 pièces
30,000 pages (60 millions de lettres)
10,000 pages de Musique

Excessive modicité de Prix

EXEMPLE :

N° 76. L'opéra de **Richard Cœur-de-L!**
Le *texte* (paroles) vaut bien quatre sous;
Les 70 pages de Musique, quarante sous;
Le tout quarante-quatre sous;
Mais le Public ne paye que **quatre sous** : il dit que c'est très-bon marché : *il a raison!*

ANNONCE

100 BONS LIVRES AD. RION à 10 c.

Il faut que chaque famille ait sa BIBLIOTHÈQUE; il suffit de donner aux Enfants, chaque semaine, **10** c. pour acheter un des

100 BONS LIVRES AD. RION à 10 c.

en commençant par ceux-ci :

N° 1. **Alphabet progressif**, etc.,
N° 64. **Nids d'oiseaux**,
N° 57. **Ignorance, Tabac, Ivrognerie**,

Il en a été vendu **600,000** exempl. de ces trois livres.

ŒUVRE COURONNÉE

EN VENTE CHEZ TOUS LES LIBRAIRES:
Ils sont priés de s'adresser à leurs *Commissionnaires* ou aux Maisons

Hachette.	Allouard.	Manginot.	Brouillet.
Vernay.	Guérin.	Coste.	Claverie.
Schulz.	Gaulon.	Goin.	Janmaire.

PARIS. — IMP. Vᵛᵉ P. LAROUSSE ET Cⁱᵉ, RUE NOTRE-DAME-DES-CHAMPS, 49.

RENSEIGNEMENTS

20 c. — THÉATRE — 20 c.
CHEZ TOUS LES LIBRAIRES

UN VOLUME CHAQUE JOUR
En l'année 1878, il sera publié
300 volumes, — 500 pièces
30,000 pages (60 millions de lettres)
10,000 pages de Musique

Excessive modicité de Prix

EXEMPLE :
N° 76. L'opéra de **Richard Cœur-de-L!**
Le *texte* (paroles) vaut bien quatre sous;
Les 70 pages de Musique, quarante sous;
Le tout quarante-quatre sous;
Mais le Public ne paye que quatre sous : il dit que c'est très-bon marché : *il a raison!*

ANNONCE

100 BONS LIVRES AD. RION à **10 c.**

Il faut que chaque famille ait sa BIBLIOTHÈQUE ; il suffit de donner aux Enfants, chaque semaine, **10 c.** pour acheter un des

100 BONS LIVRES AD. RION à **10 c.**

en commençant par ceux-ci :

N° 1. **Alphabet progressif**, etc.,
N° 64. **Nids d'oiseaux**,
N° 57. **Ignorance, Tabac, Ivrognerie**,

Il en a été vendu **600,000** exempl. de ces trois livres.

ŒUVRE COURONNÉE

EN VENTE CHEZ TOUS LES LIBRAIRES :
Ils sont priés de s'adresser à leurs *Commissionnaires*
ou aux Maisons

Hachette.	Allouard.	Manginot.	Brouillet.
Vernay.	Guérin.	Coste.	Claverie.
Schulz.	Gaulon.	Goin.	Janmaire.

PARIS. — IMP. Vᵛᵉ P. LAROUSSE ET Cⁱᵉ, RUE NOTRE-DAME-DES-CHAMPS, 49.